Wandern
in der Rureifel

WALTER | VON HOEGEN

Wandern in der Rureifel

7 Routen zwischen Kalltal und Oleftal

Taschenwanderführer

Meyer & Meyer Verlag

Wandern in der Rureifel

Bibliografische Information der Deutschen Bibliothek
Die Deutsche Bibliothek verzeichnet diese Publikation in der Deutschen Nationalbibliografie; detaillierte bibliografische Details sind im Internet über <https://www.dnb.de> abrufbar.

Auckland, Beirut, Dubai, Hägendorf, Hongkong, Indianapolis, Kairo, Kapstadt, Manila, Maidenhead, Neu-Delhi, Singapur, Sydney, Teheran, Wien

Member of the World
Sport Publishers' Association (WSPA)

Gesamtherstellung: Print Consult GmbH, München

MIX
Papier | Fördert gute Waldnutzung
FSC® C084279

ISBN 978-3-8403-7856-0
E-Mail: verlag@m-m-sports.com
www.dersportverlag.de

INHALT

1

AUFMERKSAM WANDERN

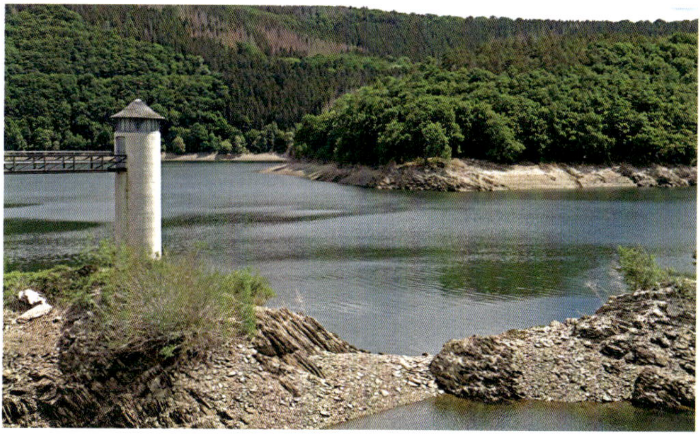

Aufmerksam wandern heißt, die vielen Bilder einer Landschaft – Berge und Täler, Wälder und Seen, Felder und Dörfer – nicht nur einfach anzuschauen und sich daran zu erfreuen, sondern auch ihrem Ursprung und gegebenenfalls auch ihren zeitlichen Veränderungen nachzuspüren. Jedes Einzelbild hat dabei seine eigene Zeitrechnung.

Die kulturelle Prägung einer Landschaft durch den Menschen benötigte Jahrhunderte. Die Formung der heutigen Hügel und Täler dauerte viele hunderttausend Jahre. Und für die Gesteine im Untergrund bemisst sich ihre Entstehungszeit nach Millionen Jahren. Landschaft und Zeit sind untrennbar miteinander verbunden.

2

DIE EUREGIO MAAS-RHEIN UND DIE RUREIFEL

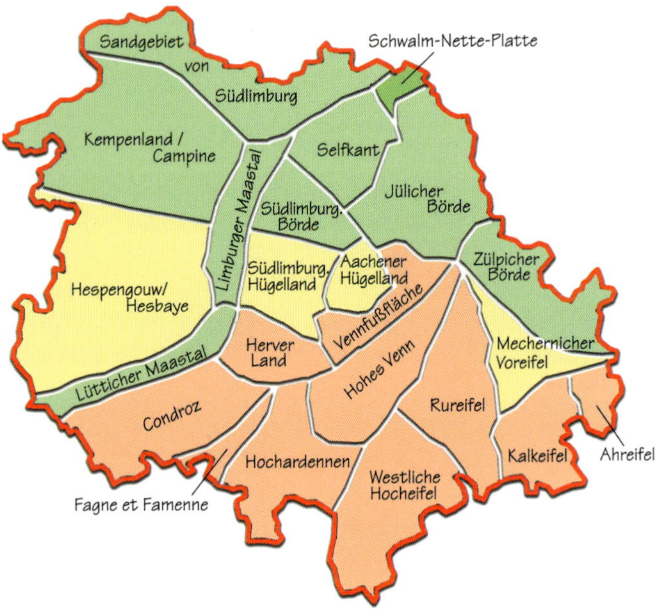

Die Euregio Maas-Rhein umfasst Naturräume mit ganz verschiedenem Untergrund, unterschiedlichem Relief und unterschiedlichen Böden. Diese Verschiedenheiten bedeuteten auch ganz unterschiedliche Voraussetzungen für den historischen Gang ihrer Besiedlung und Landnutzung durch die Menschen.

Im Norden bilden das Kempenland (Campine) und die Lösslandschaften Südlimburgs und der westlichen Niederrheinischen Bucht ein tief liegendes Flachland. Dort sind an der Oberfläche hauptsächlich erdgeschichtlich junge Flussschotter mit Lössbedeckung verbreitet.

Die südliche Hälfte der Euregio umfasst das Bergland der Ostardennen, des Hohen Venns und der Nordeifel. Dort tritt ein erdgeschichtliches Stockwerk aus gefalteten Sandsteinen, Kalksteinen und Schiefern des Erdaltertums (Paläozoikum) an die Tagesoberfläche.

Zwischen dem Flachland und dem Bergland vermitteln die Plateaulandschaften der Hesbaye (Hespengow), das Südlimburger und Aachener Hügelland und weiter im Osten die Mechernicher Voreifel. Hier haben flach liegende Kalk- und Sandsteinschichten des Erdmittelalters (Mesozoikum) weite Verbreitung.

Die **Rureifel** liegt zwischen dem Hohen Venn und der Kalkeifel. Ihr Untergrund besteht aus gefalteten Tonschiefern und Sandsteinen der Unterdevon-Zeit. Heute haben sich steile Kerbtäler der Kall, der Rur, der Urft und der Olef tief in ihre zwischen 400 und 500 Meter hoch gelegene, fast ebene Hochfläche eingeschnitten.

Die Hochfläche ist größtenteils waldfrei und wird überwiegend landwirtschaftlich genutzt. Hier liegen auch die meisten Dörfer. Die engen Kerbtäler begünstigten die Anlage zahlreicher Talsperren. Mit ihren Stauseeen und dem Nationalpark Eifel ist die Rureifel heute ein attraktives Wander- und Erholungsgebiet.

3

DIE GANZE GESCHICHTE DER RUREIFEL

(Zeittafel im Innenteil der hinteren Umschlagseite)

DIE ZEIT DER STEINE

Die Anfänge der Rureifel reichen nach der geologischen Zeitskala bis in die Zeit des Unterdevons (418-392 Millionen Jahre vor heute) zurück. Zu dieser Zeit bestand in Nordeuropa ein ausgedehntes Festland, das wegen seiner roten Verwitterungsbildungen als „Old Red-Kontinent" bezeichnet wird.

Der Untergrund seines Südrandes besteht aus gefalteten schwarzen Schiefern mit Quarziteinschaltungen (Revin-Schichten) und sandgebänderten Tonschiefern und Feinsandsteinen (Salm-Schichten), so wie sie heute im Hohen Venn zutage treten. Anfangs reichten die Flüsse dieses Old Red-Kontinents mit ihrer roten Kies-, Sand- und Schlammfracht noch bis in das Gebiet der heutigen Rureifel.

Weil sich der Boden des südlichen Vorlandes dieses Old Red-Kontinents im Verlauf der Unterdevon-Zeit tektonisch absenkte, wurde er von Süden her von einem weiten Flachmeer überflutet. In der Rureifel kamen über den roten Flusssedimenten der frühen Unterdevon-Zeit (Gedinne-Schichten) im Verlauf der mittleren und jüngeren Unterdevon-Zeit mehr als 8.000 Meter mächtige Meeressande und Tone zur Ablagerung.

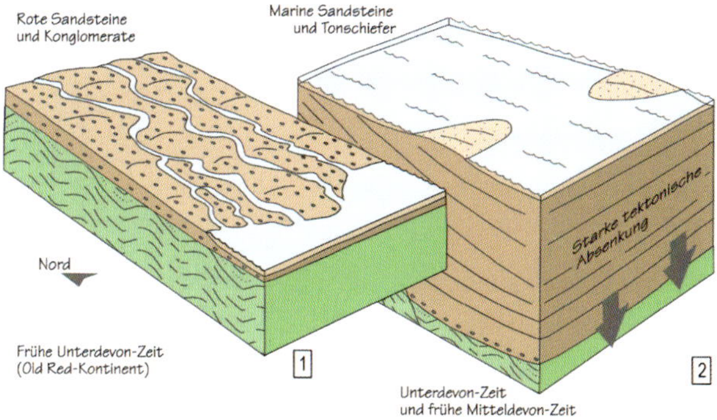

Die ganze Geschichte der Rureifel (1)

Sie alle zeigen charakteristische Schichtungsmerkmale und Fossilien von Flachwassersedimenten. Das bedeutet, dass die starke tektonische Absenkung dieses Bereichs während der ganzen Zeit des mittleren und oberen Unterdevons durch die Zufuhr von sandigen und tonigen Sedimenten aus dem Norden kompensiert wurde und es deshalb dauerhaft bei einer nur geringen Wassertiefe blieb.

Nach ihrem verschiedenen Sand-/Tonverhältnis gliedern die Geologen diese mächtigen Schelfablagerungen der Rureifel in Monschau-Schichten, Rurberg-Schichten, Heimbach-Schichten und Schleiden-Schichten.

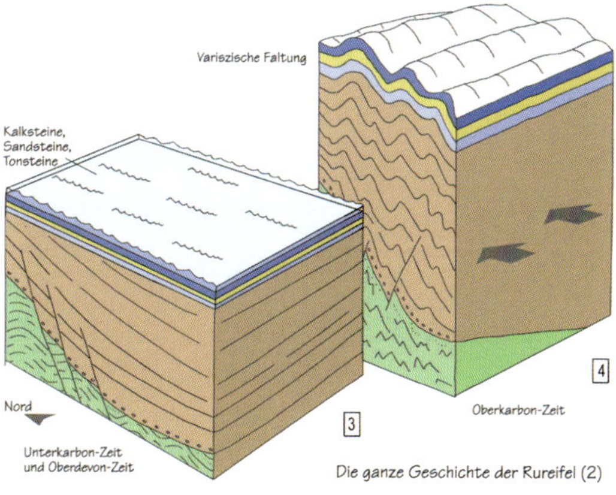

Die ganze Geschichte der Rureifel (2)

Jüngere Ablagerungen der Mittel- und Oberdevon-Zeit und auch solche der Karbon-Zeit sind in der Rureifel nicht erhalten. Nach Befunden im nördlichen Vennvorland und in der Kalkeifel wird aber angenommen, dass sich die marine Sedimentation von Kalksteinen, Sandsteinen und Tonsteinen in diesem Gebiet auch hier noch bis in die Unterkarbon-Zeit hinein (ab 358 Millionen Jahre vor heute) fortsetzte.

In der mittleren Karbon-Zeit (um 320 Millionen Jahre vor heute) setzte ein tektonischer Zusammenschub aller bis dahin in der Eifel und in den benachbarten Ardennen abgelagerten Sedimentschichten ein und führte zu ihrer Faltung in Südwest-Nordosten verlaufende, lang gestreckte Sättel und Mulden und zu ihrer Heraushebung („Variszische Gebirgsbildung").

Im Norden wurden die Schiefer und Sandsteine besonders weit herausgehoben (Vennsattel). Nach Südosten, in der heutigen Rureifel, schloss sich ein eng gefaltetes Muldensystem aus unterdevonischen Sandsteinen und Tonschiefern an.

Die Sandsteinbänke sind hier zu großen und kleineren Sätteln und Mulden gefaltet. Die Tonsteine reagierten auf den tektonischen Zusammenschub mit Schieferung.

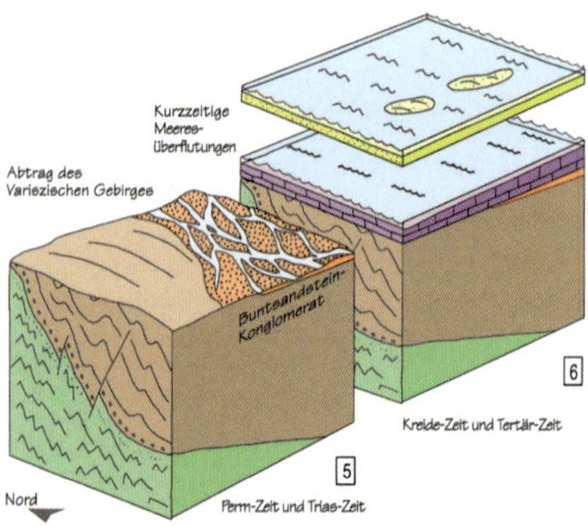

Die ganze Geschichte der Rureifel (3)

Zunächst hatte das Variszische Gebirge der Eifel und Ardennen durchaus Hochgebirgscharakter. Erst in der Perm-Zeit und frühen Trias-Zeit (zwischen 298 und 244 Millionen Jahren vor heute) wurde es durch Flüsse wieder zu einem tief liegenden Flachland abgetragen. Ganz im Osten, in der Mechernicher Voreifel, überdecken heute noch Buntsandstein-Konglomerate der damaligen Flüsse den Schiefergebirgssockel.

In der jüngeren Kreide-Zeit (zwischen 89 und 65 Millionen Jahren vor heute) und dann später noch einmal in der jüngeren Tertiär-Zeit (um 20 Millionen Jahre vor heute) kam es von Norden her zu kurzzeitigen Meeresüberflutungen des Rureifel-Gebiets.

Die Sedimente, die sie hier hinterließen – feuersteinführende Kreide-Kalksteine und Tertiär-Sand –, sind allerdings bis auf ganz wenige Relikte inzwischen wieder abgetragen.

DIE ZEIT DES RELIEFS

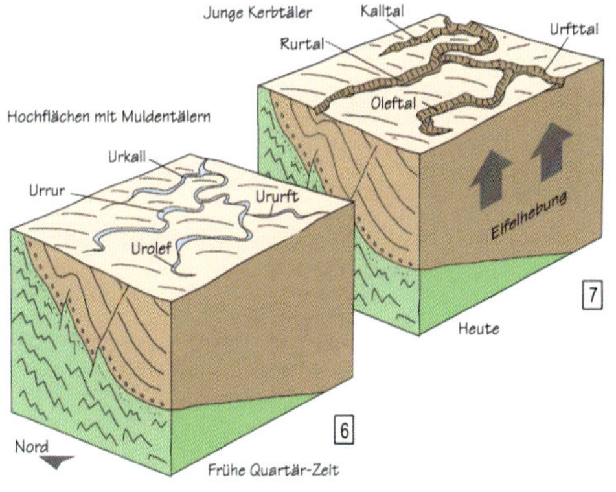

Die ganze Geschichte der Rureifel (4)

Zu Beginn der Quartär-Zeit (vor 2,8 Millionen Jahren) begann sich die heutige Eifel gegenüber ihrem nördlichen Vorland herauszuheben. In der Rureifel schufen die dort zunächst mit nur geringem Gefälle fließenden Vorläuferflüsse der heutigen Kall, Rur, Urft und Olef ein Netz breiter, flacher Muldentäler.

Vor rund 800.000 Jahren beschleunigte sich die Heraushebung dieses Gebiets deutlich, sodass das Gefälle der Rureifelflüsse zunahm und diese tiefe, steilwandige Täler in den Untergrund einschnitten. Dabei variierte mit dem Wechsel von Warm- und Kaltzeiten die Erosions- und Transportkraft der Flüsse, sodass ihre Talflanken heute in Haupt-, Mittel- und Niederterrassen gegliedert sind.

Nach dem Ende der letzten großen Kaltzeit (Weichsel-Kaltzeit) vor 12.500 Jahren verwandelte sich die Rureifel in ein warmzeitliches Waldland. Ab etwa 4.000 Jahren vor heute setzten sich die heutigen Eichen-Buchen-Mischwälder und reinen Buchenwälder durch.

DIE ZEIT DER MENSCHEN

Schon früh durchstreiften die Menschen als Jäger und Sammler die Rureifel. Im Rurtal wurden bei Hammer, Dedenborn und Rurberg steinzeitliche Artefakte gefunden.

In römischer Zeit (erstes Jahrhundert vor Christus bis viertes Jahrhundert nach Christus) querten bereits wenige Straßen die von dichtem Wald bedeckten Rureifel-Hochflächen. Im Kalltal und im Rurtal schürften die Römer nach Erzen. Sie nutzten auch wohl bereits die Heilsteinquelle im Sauerbachtal südlich von Einruhr.

Der älteste, urkundlich belegte Siedlungsplatz in der Rureifel ist der karolingische Königshof Konzen auf der Simmerather Hochfläche (888 nach Christus). Im 11. und 12. Jahrhundert entstanden auf Bergkuppen und an strategisch wichtigen Flussübergängen der

Rur Burgen. Eine flächenhafte Besiedlung der Rureifel begann aber wohl erst im 13. Jahrhundert.

Dabei konzentrierten sich die ersten dörflichen Rodungen auf die westliche Simmerather Hochfläche. Erst im späten 14. Jahrhundert kam es auch weiter im Osten und südlich des Rurtals zur Gründung dörflicher Siedlungen. Die Dörfer im Rurtal selbst sind noch jünger.

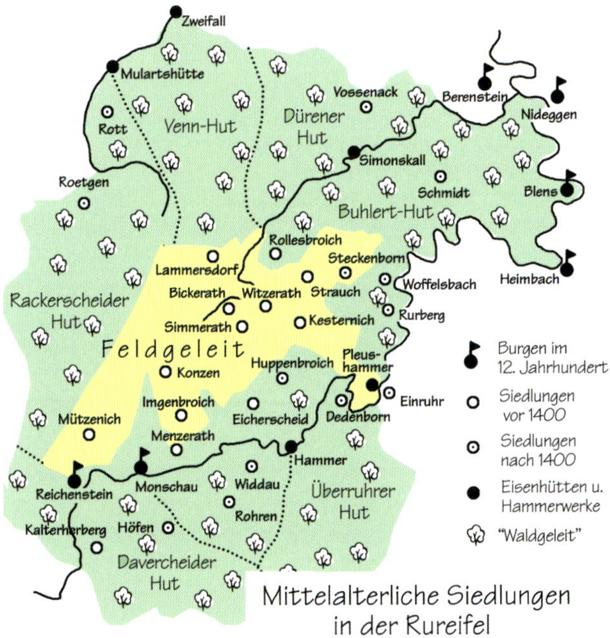

Mittelalterliche Siedlungen in der Rureifel

Die mittelalterliche Landwirtschaft beruhte anfänglich auf einem kurzzeitigen Feld-Wald-Wechsel (Rottwirtschaft). Später entwickelte sich daraus die für die ganze Eifel typische Schiffelwirtschaft (vier Jahre Ackerbau, dann circa 13 Jahre Magerweide, danach Abheben (Plaggen) oder Abbrennen von Gras und Heide).

Bis in die frühe Neuzeit (16. bis 18. Jahrhundert) waren Roggen und Hafer die wichtigsten landwirtschaftlichen Erzeugnisse. Nutztiere waren vor allem Kühe, Schweine und Schafe. Nebenerwerbliche Möglichkeiten boten das Spinnen und Weben der Schafwolle, die Köhlerei und der Abbau von Eisenerz und seine Verhüttung. Seit dem 16. Jahrhundert bestand in Monschau eine erfolgreiche Tuchindustrie.

1802 wurde die Rureifel französisches Staatsgebiet. Nach dem Wiener Kongress 1815/16 hatte dann die preußische Verwaltung das Sagen. Sie förderte die Landwirtschaft und ließ durch Überweidung und Raubbau entstandenes Ödland wieder aufforsten. Sie verbesserte das Straßennetz und baute die ersten Talsperren.

Bis in die Mitte des 19. Jahrhunderts waren die Tuchindustrie und die Eisenhüttenindustrie noch einmal erfolgreich. Danach ließ sich ihr Abwandern aber nicht mehr verhindern. Für die rasch anwachsende Bevölkerung bedeutete das niedrigere Einkommen und Arbeitslosigkeit oder aber lange Anfahrten zu neuen Arbeitsstätten in den Industriegebieten des Eifelvorlands.

Nach dem Zweiten Weltkrieg, der in der Rureifel mit überaus zerstörerischen Kämpfen endete (Schlacht im Hürtgenwald), gelang eine immer engere wirtschaftliche Verflechtung dieses Gebiets mit den Industriezentren zwischen Aachen und Düren nördlich der Eifel. Die individuelle Motorisierung und ein verbessertes Straßennetz ermöglichten es, Arbeitsplätze auch in entfernteren Orten anzunehmen und doch gleichzeitig den Wohnsitz in der Rureifel beizubehalten.

Mit der Zeit entstanden aber auch in der Rureifel Wirtschafts- und Technologieparks, sodass die Dörfer wuchsen und auf diese Weise nach und nach ihren bäuerlichen Charakter verloren.

Heute widmen sich in der Rureifel nur noch einzelne landwirtschaftliche Großbetriebe der Grünlandwirtschaft und Milch- und Fleischproduktion. Auch die Forstwirtschaft der Rureifel hat sich in den vergangenen Jahrzehnten umgestellt mit dem Ziel, von den Fichtenforsten des vergangenen Jahrhunderts wieder zu ursprünglichen Laubwäldern zu kommen. Ebenso ging es bei der Einrichtung des Nationalparks Eifel um den Erhalt bzw. die Wiederherstellung größerer, für die Böden und das Klima der Nordeifel natürlicher Buchenareale.

Heute sind die landschaftlich reizvollen Hochflächen und Täler der Rureifel mit ihrer gesunden Luft und ihrer vielfältigen Natur ein attraktiver Erholungsraum nicht nur für die einheimische Bevölkerung, sondern auch für Gäste von außerhalb. Den stark wachsenden Wirtschaftsfaktor Tourismus auch in der Zukunft natur- und landschaftsverträglich zu gestalten, gilt heute als eines der wichtigsten Entwicklungsziele in der Region.

4

DIE ROUTEN

(Lage der Routen im Innenteil der vorderen Umschlagseite)

Alle Wanderungen verlaufen teils auf der Rureifel-Hochfläche und teils in jeweils einem ihrer Täler. Auf diese Weise bieten sie sowohl weite Panoramaaussichten als auch schattige Waldwege entlang der Talhänge, Bäche und Flussufer. Inhaltlich sprechen die Wanderungen ganz verschiedene Themen an.

Rundwanderung 1 folgt den Spuren der Kämpfe deutscher und amerikanischer Soldaten im Herbst und Winter 1944 um die Kontrolle des Kalltals zwischen Vossenack und Schmidt.

Rundwanderung 2 entlang der Rurtalsperre bei Schmidt belegt nicht nur die Attraktivität des Rursees für Segler, Spaziergänger und Radfahrer. Sie bietet auch einen direkten Einblick in die Gesteinswelt der Rureifel und Hinweise auf deren bergbauliche Nutzung in der frühen Neuzeit.

Rundwanderung 3 erkundet die Quellmoore und Quellbäche der Kall zwischen Simmerath und dem Hohen Venn.

Rundwanderung 4 im Nationalpark Eifel ist über die landschaftlichen Reize der Dreiborner Hochfläche und des Urfttals hinaus eine Wanderung zurück in ihre Vergangenheit als belgischer Truppenübungsplatz und als Umfeld der ehemaligen nationalsozialistischen „Ordensburg Vogelsang".

Die 5. Rundwanderung erschließt das mittlere Rurtal um Dedenborn mit seinen großzügigen Flussmäandern, unterschiedlich breiten Talauen und terrassierten oder steilen Talhängen.

Die 6. Rundwanderung zwischen Dreistegen südlich von Monschau und der Richelsley begleitet den wildbachähnlichen Oberlauf der Rur bis fast nach Kalterherberg. Die Richelsley selbst ist eine besonders spektakuläre Felsengruppe an der Grenze der Rureifel zum Hohen Venn.

Die 7. Rundwanderung, eine Zwei-Burgen-Wanderung im Schleidener Land zwischen Burg Reifferscheid und der Wildenburg, erkundet die immer höher ansteigenden Wiesenlandschaften der Rureifel-Hochfläche im Übergang zur Westlichen Hocheifel.

Alle vorgeschlagenen Wanderungen sind Rundwanderungen. Die Routenbeschreibungen umfassen eine Routenkarte mit Wegweisern und Markern, die auf erdgeschichtlich, historisch oder aktuell interessante Orte hinweisen. Solche Hingucker werden im Textteil jeweils als „Stopp" durch ein Foto illustriert und beschrieben. Darüber hinausgehende Erläuterungen zu interessanten Einzelthemen sind in einem ausführlichen Anhang zu finden.

Die Streckenverläufe der Wanderungen können einzeln mithilfe eines QR-Codes als GPX-Datei heruntergeladen werden.

Eine ausführliche digitale Version dieses Wanderführers ist als Website unter **www.aufmerksam-wandern.de** verfügbar.

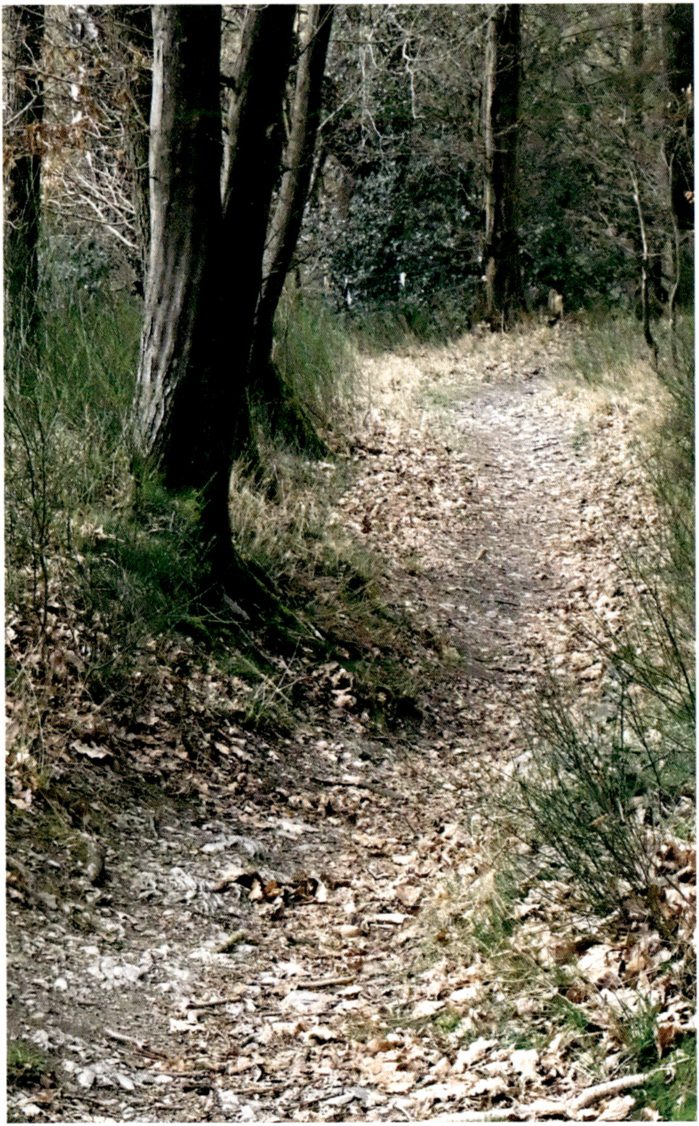

Route 1: Rundwanderung im Kalltal zwischen Vossenack und Schmidt

Start und Ziel: Parkplatz neben der Kirche von Vossenack

Dauer: 3,5 Stunden

Länge der Wanderstrecke: circa 9 Kilometer

Höhenunterschiede: 144 Meter

Anfahrt mit öffentlichen Verkehrsmitteln: Haltestelle „Kirche" in Vossenack

Fahrplanauskunft: www.aseag.de/fahrplan/fahrplanauskunft/

Parkmöglichkeit: Parkplatz neben der Kirche von Vossenack

Streckenverlauf:
Der erste Teil der Wanderstrecke folgt dem „Kall-Trail", einer am Ende des Zweiten Weltkriegs stark umkämpften Route quer durch das enge Kalltal zwischen Vossenack und Schmidt. Der Weg führt steil hinunter zur Kallbrücke unterhalb der Mestrenger Mühle und von dort auf der anderen Talseite im Zickzack ebenso steil wieder hinauf auf die Hochfläche unterhalb Kommerscheidt.

Von dort geht es zuerst über einen schmalen Waldweg und dann breite Wirtschaftswege nach Westen ins Huschelbachtal und weiter entlang der Kall bis zur Brücke vor der Einmündung des Richelbachs. Im Tal des Richelbachs führt dann ein weiterer Forstweg in einem weiten Bogen wieder auf die Hochfläche von Vossenack und zum Parkplatz zurück. Von dort aus sind es noch circa 200 Meter bis zum „Museum Hürtgenwald".

GPX-Daten zur Route 1

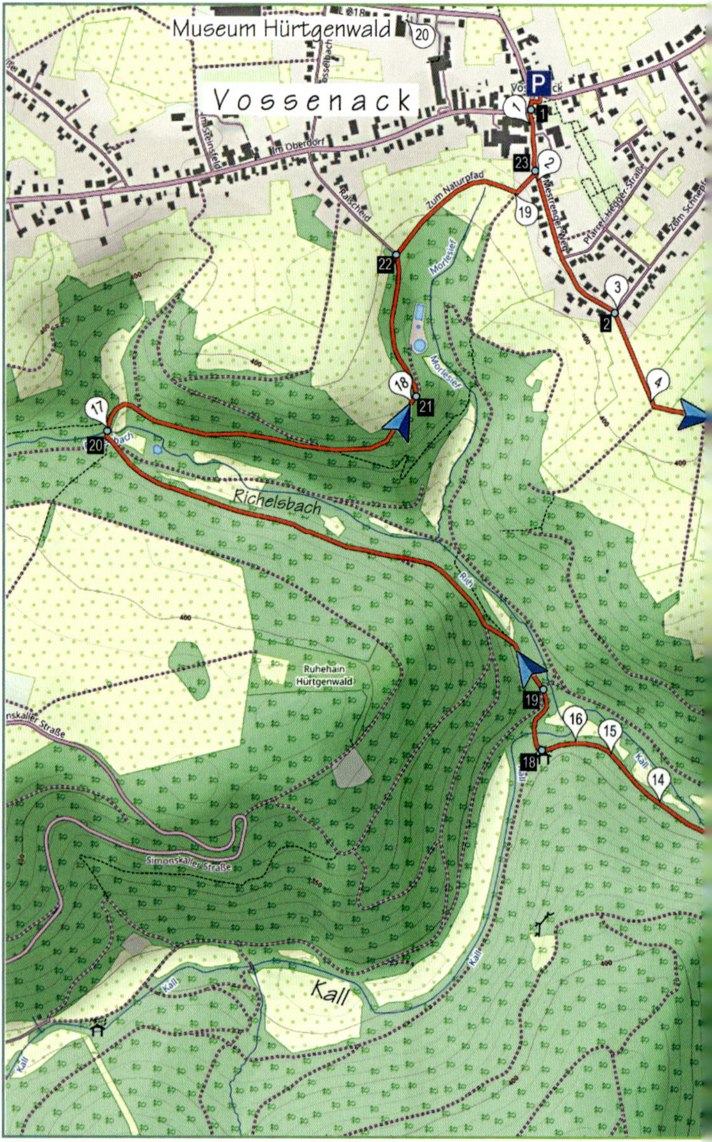
Museum Hürtgenwald
Vossenack
Im Oberdorf
Zum Naturpfad
Mestrenger Weg
Pfarrer-Hegger-Straße
Zum Schnepfe
Rätscheid
Morlesief
Richelsbach
Ruhehain
Hürtgenwald
Simonskaller Straße
Kall

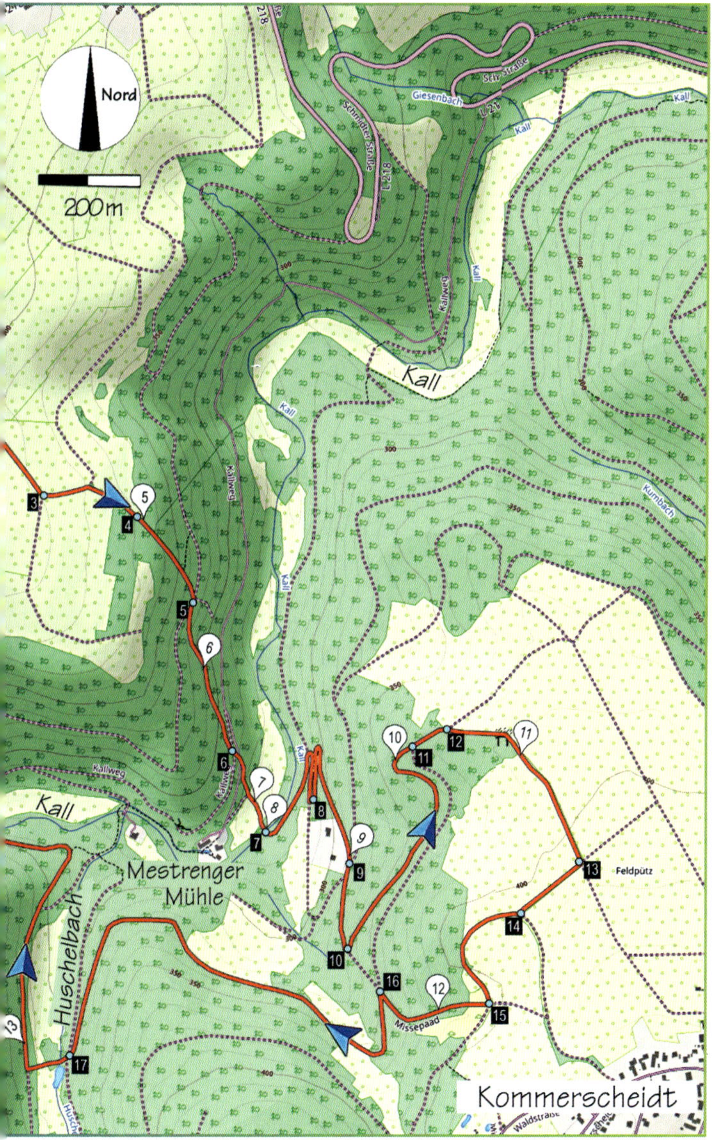

Nord
200 m
Kall
Kallweg
Giesenbach
Schmidter Straße
L 218
Kumbach
Mestrenger Mühle
Huschelbach
Feldpütz
Missepaad
Kommerscheidt
Waldstraße

Wegweiser

1	Von der Turmseite der Vossenacker Kirche aus auf dem Mestrenger Weg in südlicher Richtung gehen.
2	Von den letzten Häusern des Ortes aus einem geteerten Weg (später Schotterweg) geradeaus in Richtung Kalltal folgen.
3	Nach links in einen Wiesenweg in Richtung Mestrenger Mühle abbiegen.
4	Dem schmalen Fußweg abwärts folgen.
5	Einen Forstweg queren und dem schmalen Fußweg weiter folgen.
6	Zwei weitere Wirtschaftswege queren und hinunter zur Kallbrücke gehen.
7	Die Kall queren und dem Weg aufwärts folgen; in der ersten Spitzkehre scharf rechts weitergehen.
8	In der zweiten Spitzkehre scharf links gehen.
9	Den Forstweg queren und weiter geradeaus aufwärts gehen.
10	Dem ersten, nach links abzweigenden Weg weiter aufwärts folgen.
11	Geradeaus gehen.
12	Nach rechts abbiegen und am Waldrand entlang aufwärts gehen; vor der Schutzhütte weiter geradeaus gehen.
13	An einer Wegkreuzung nach rechts in einen Wirtschaftsweg abbiegen.
14	Vor der Linkskurve des Wirtschaftswegs auf einem Wiesenweg nach links zum Waldrand gehen und dort nach rechts weitergehen.
15	Dem „Missepaad" (Kirchweg) nach rechts abwärts folgen.

Wegweiser

16	Auf dem ersten breiten Querweg scharf links abbiegen und ihm circa 800 Meter bis ins Huschelbachtal folgen.
17	Nach rechts den Huschelbach über einen Damm queren und auf dem ersten Querweg nach rechts weitergehen.
18	An der Schutzhütte nach rechts über die Kallbrücke bis zum nördlichen Kalluferweg gehen.
19	Geradeaus im Richelsbachtal einem breiten Forstweg aufwärts folgen.
20	Sich rechts halten und dem Forstweg weiter folgen.
21	Der linken Teerstraße aufwärts folgen.
22	Rechts abbiegen und vor dem Waldrand und später zwischen Wiesen in Richtung Mestrenger Weg in Vossenack gehen.
23	Auf dem Mestrenger Weg zurück zum Parkplatz neben der Kirche gehen. Von dort aus sind es noch circa 200 Meter auf der Pfarrer-Dickmann-Straße bis zum „Museum Hürtgenwald".

1. Stopp: Vossenack

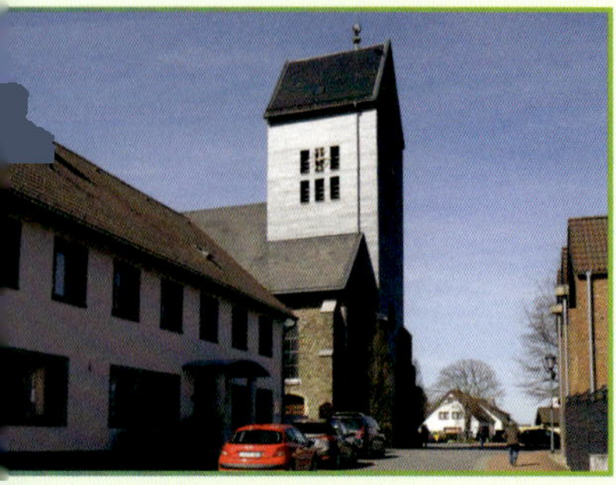

Der heutige Ort Vossenack geht auf eine spätmittelalterliche Hofgründung um das Jahr 1435 zurück. Erst 1719 erhielt der Ort seine erste Kirche. Sie wurde im Rahmen der Kirchenbauwelle in der zweiten Hälfte des 19. Jahrhunderts durch einen neugotischen Bau ersetzt. In den schweren Kämpfen der Schlacht im Hürtgenwald von Ende September 1944 bis Februar 1945 wurde die Kirche bis auf ihre Außenmauern zerstört. Unmittelbar nach dem Krieg wurde sie in einfacherer Form wieder aufgebaut.

2. Stopp: Splitterkreuz am Mestrenger Weg

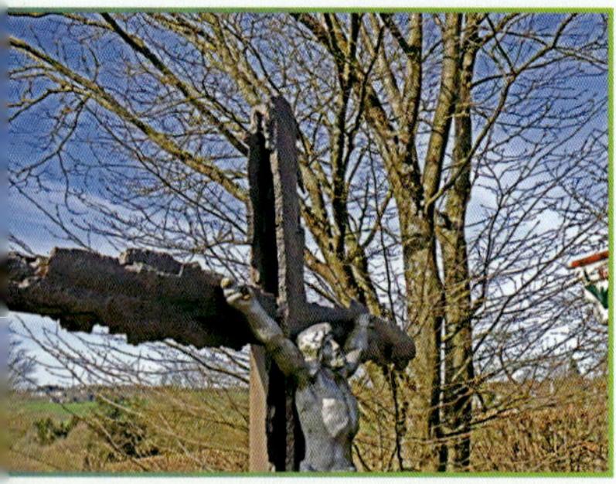

Das aus Granatsplittern zusammengeschweißte Kreuz wurde 2005 zum Gedenken an die zigtausend Opfer der sogenannten Allerseelenschlacht aufgestellt. Von hier aus startete am 3. November 1944 der Angriff der Amerikaner über das Kalltal hinweg auf den von deutschen Soldaten gehaltenen Ort Schmidt. Diesem Start zur „Battle of Schmidt" war am 2. November, dem Tag Allerseelen, die endgültige Zerstörung des Dorfs Vossenack vorausgegangen.

3. Stopp: „Stumms Krözje"

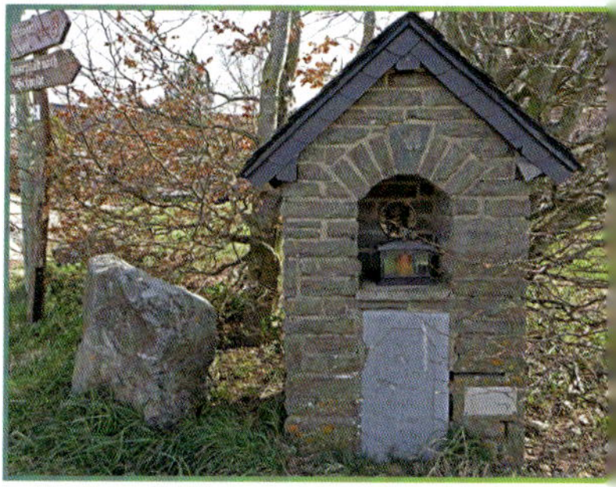

Der ummauerte, aus dem Jahr 1890 stammende Bildstock aus Blaustein verdankt seinen Namen einem alten Brauch. Seit 1803 war die aus dem Kloster Mariawald stammende Mutter Gottes (Pietà) das Ziel zahlloser Pilgerfahrten nach Heimbach. Auch aus Vossenack pilgerten die Gläubigen dorthin. Ihre Heimbachprozessionen begannen in der Kirche. Wenn sie dort singend starteten, war das erste angestimmte Lied am Stumms Krözje zu Ende. Die Prozession verstummte also und schweigend bewältigte man den schwierigen Abstieg ins Kalltal.

4. Stopp: Ein alter Talboden

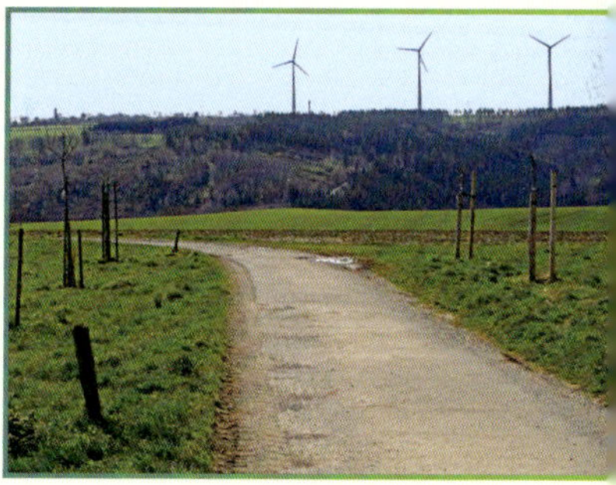

Die gegenüber der Vossenacker Hochfläche leicht abgesenkte Verebnung entspricht der Sohle eines flachen Muldentals aus der Zeit vor der Eifelhebung. Auf der gegenüberliegenden Seite auf Schmidt zu ist diese auch zu erkennen. Das tief und steil eingeschnittene Engtal der Kall dazwischen ist von hier aus nicht zu sehen. Das lässt ahnen, warum die amerikanischen Offiziere bei ihrer Vorerkundung der Route nach Schmidt nicht erkannten, welche Schwierigkeiten ihnen die Durchquerung des Kalltals bereiten würde.

Thema: Die Hochflächen und Täler in der Rureifel

5. Stopp: Ein Engpass

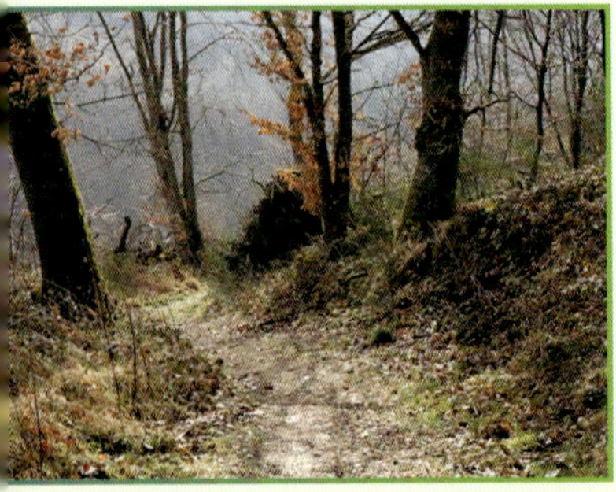

An dieser Stelle fuhr der zuerst fahrende amerikanische Panzer auf dem Weg ins Kalltal auf eine Mine und blockierte den Pfad. Weitere Panzer stürzten bei dem Versuch, das Wrack zu umfahren, den steilen Hang hinunter. Das galt auch für eine Engstelle ein wenig weiter unterhalb, wo Pioniere erst eine Felsnase beseitigen mussten, um eine Befahrung mit Panzern zu ermöglichen. Es heißt, dass sich die amerikanischen Stäbe bei ihren Planungen mit Michelin-Karten von 1940 begnügen mussten, auf denen die Steilheit solcher Täler natürlich nicht zu erkennen war.

6. Stopp: Eine Sanitätsstation

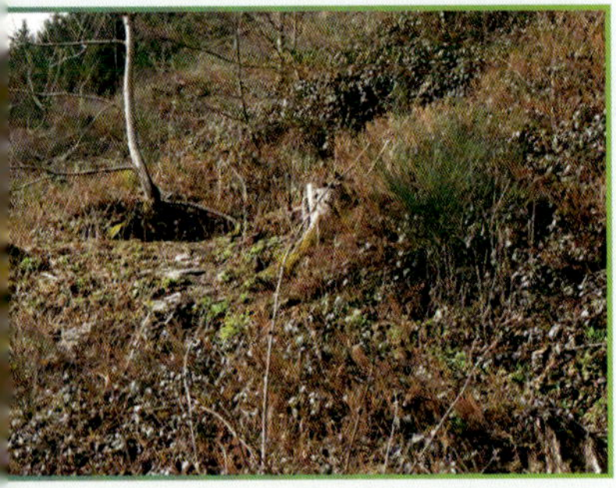

Ein undeutlicher Fußpfad führt rechts hinauf zu einem Erdaushub, in dem sich zur Zeit der Kampfhandlungen im Herbst 1944 eine Station zur Erstversorgung verwundeter amerikanischer Soldaten befand. Von hier aus wurden die notdürftig Verbundenen auf Tragen oder mit Fahrzeugen den Berg hinauf ins Lager nach Vossenack transportiert. Dabei lag dieser Steilhang während der ganzen Zeit unter Dauerbeschuss aus deutschen Stellungen von der gegenüberliegenden Talseite und dahinter auf dem Buhlert.

7. Stopp: Die Mestrenger Mühle

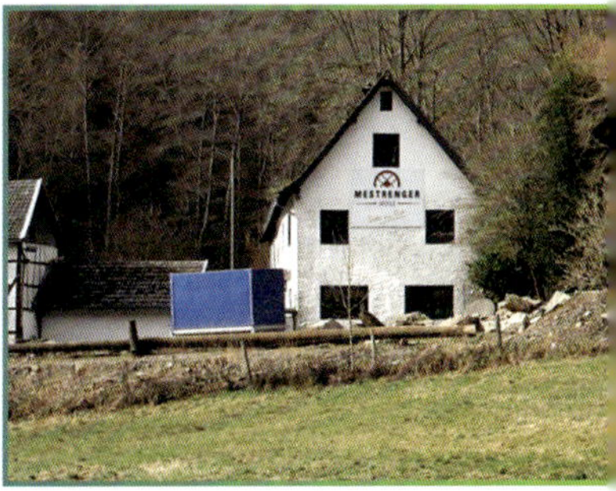

In der Nähe der Mestrenger Mühle quert ein alter Fahrweg von Vossenack nach Kommerscheidt das enge Tal der Kall. Seit 1705 war die Mühle zuerst als Ölmühle und ein Jahr später auch als Kornmühle für die umliegenden Dörfer Vossenack, Schmidt, Kommerscheidt und Harscheidt zugelassen. Als nach dem Ersten Weltkrieg immer mehr Touristen nach Simonskall kamen, richteten die Betreiber auch eine Gaststätte und Pension ein. In der „Battle of Schmidt" war der Platz schwer umkämpft und wechselte mehrfach den Besetzer.

8. Stopp: Brückenskulptur „A Time for Healing"

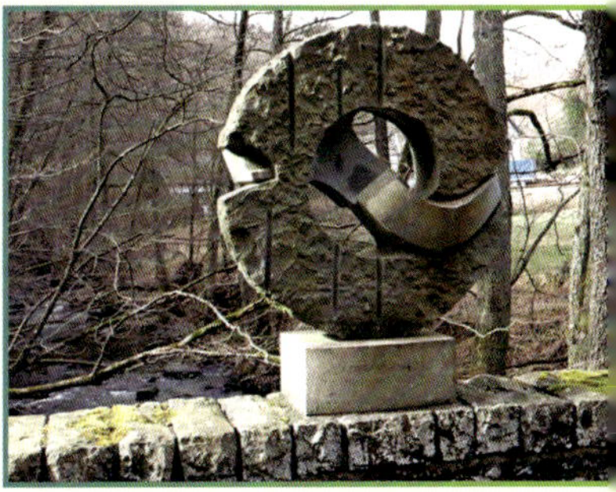

Die Skulptur des Bildhauers Michael Pohlmann erinnert an den deutschen Stabsarzt Dr. Stüttgen, dem es zwischen dem 4. und 11. November 1944 dreimal gelang, mit den Amerikanern mehrstündige Kampfpausen auszuhandeln, in denen beide Seiten ihre Verwundeten retten, versorgen und austauschen konnten. Die Skulptur aus Blaustein (Kalkstein) zeigt eine roh behauene, ringförmige Scheibe, die von einer glatt polierten Welle durchdrungen wird. Der Künstler interpretiert sie als das raue Umfeld, in dem eine humanitäre Begegnung stattfinden konnte.

9. Stopp: Eine zurückgelassene Panzerkette

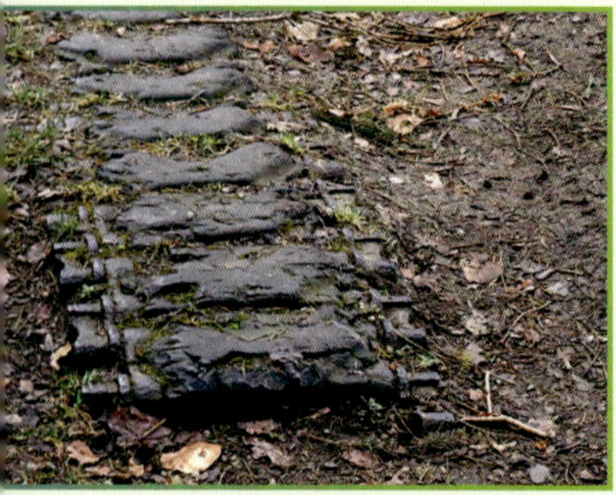

Hinter zwei Häusern ist im Weg noch die Kette eines Sherman-Panzers zu erkennen. Der Panzer war beim Rückzug der Amerikaner zurückgelassen worden und soll danach von deutschen Soldaten als geschützter Beobachtungsposten genutzt worden sein. Das Kalltal mit seinen steilen Hängen war denkbar schlecht geeignet für die Bewegung von derartig schwerem Kriegsgerät. Auch am nächsten Stopp sind im schiefrigen Fels einer Wegkurve noch Spuren von Panzerketten zu erkennen.

10. Stopp: Blick über das Kalltal

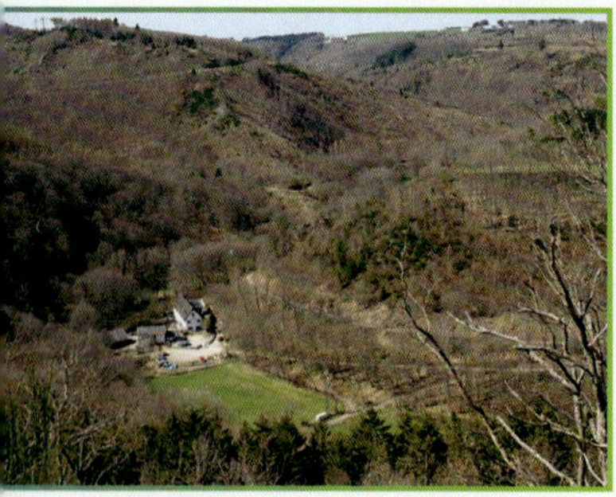

Das mittlere Kalltal zeigt hier ein für alle Flüsse und Bäche der Rureifel charakteristisches Querprofil. Die steilen Hänge des tief eingeschnittenen Kerbtals gehen nach oben in deutlich flachere, nur leicht konkav ansteigende Talschultern über, die ihrerseits zur Eifelhochfläche überleiten. Zuerst siedelten und rodeten die Menschen auf der Hochfläche. Dann wurden auch die etwas tiefer liegenden flachen Talschultern landwirtschaftlich genutzt. Die steilen Hänge des Kerbtals blieben immer bewaldet.

Thema: Die Hochflächen und Täler in der Rureifel

11. Stopp: Vor Kommerscheidt

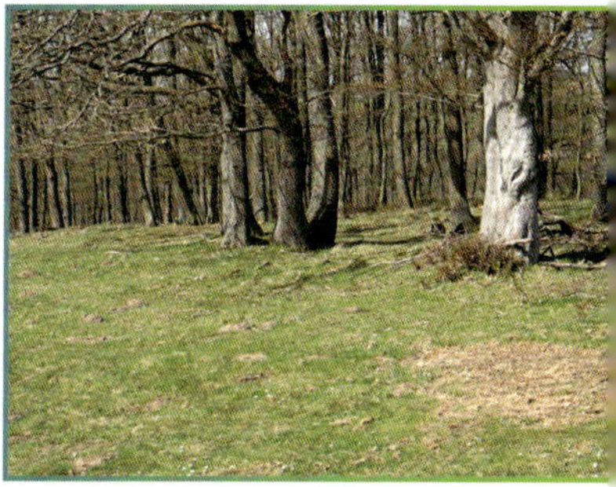

Die Wiesen und Wälder unterhalb von Kommerscheidt bieten heute ein friedliches Bild. Im November 1944 waren sie tödliches Kampfgebiet. Der amerikanische Stoßtrupp, dem es am 3. und 4. November gelungen war, das Kalltal von Vossenack her zu queren, war hier einem pausenlosen deutschen Beschuss vom Buhlert her schutzlos ausgesetzt. Der Wald ist heute noch voller Deckungslöcher. Als die Amerikaner zwei Monate später Kommerscheidt und Schmidt endgültig eroberten, waren sie entsetzt über die vielen Leichen, die hier aus dem Winterschnee wieder auftauchten.

12. Stopp: Ein alter Kirchweg

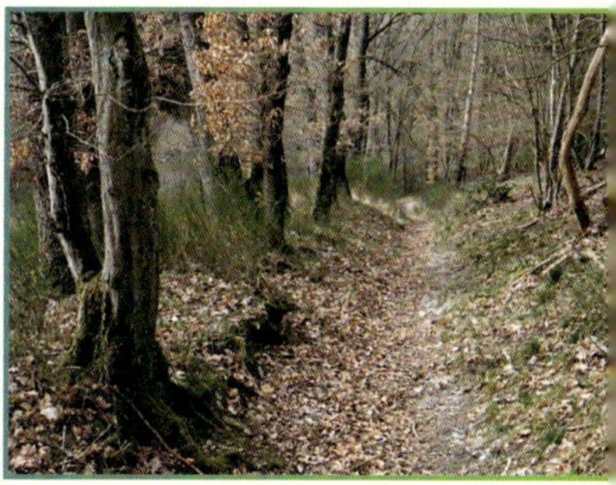

Der „Missepaad" ist ein alter Kirch- oder Pilgerpfad. Er verband Kommerscheidt und Schmidt auf kürzestem Weg mit Vossenack. Der Weg querte die Kall unmittelbar unterhalb der Mestrenger Mühle, wo die Bauern von Schmidt und Kommerscheidt und auch von Vossenack ihr Korn mahlen ließen. Im Zweiten Weltkrieg wurde aus dieser direkten Verbindung von Vossenack nach Kommerscheidt und Schmidt der „Kall-Trail", über den amerikanische Soldaten im November 1944 von Vossenack aus Schmidt einnehmen wollten. Heute ist der alte „Missepaad" ein viel begangener Wanderpfad.

13. Stopp: Modell eines Kohlenmeilers

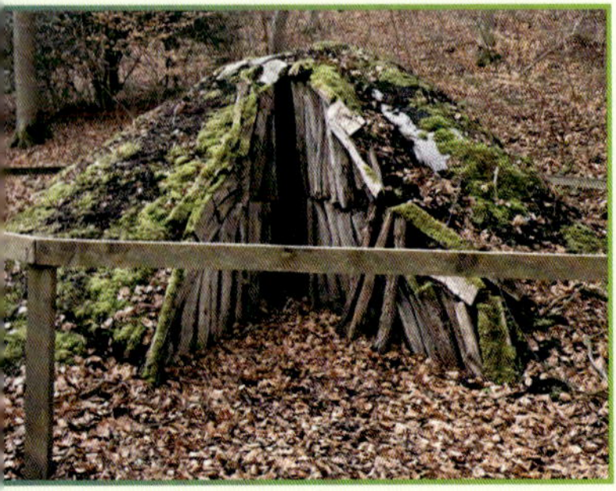

Vom 16. bis zur Mitte des 19. Jahrhunderts wurden auf den Hängen des Kalltals große Mengen Holzkohle für die Eisenhütte Simonskall und später auch Zweifallshammer produziert. Vor allem Rot- und Hainbuchen wurden verschwelt. Auf einem freien Platz im Wald wurden ihre langen Holzscheite kreisförmig um einen Zugschacht herumgestapelt. Dann wurde das Holz mit Erde oder Plaggen luftdicht abgedeckt und der Zugschacht mit Glut gefüllt. Hier veranschaulicht ein Schaumeiler den Prozess der Verschwelung von Holz zu Holzkohle.

14. Stopp: Altes Wasserwerk der Bürgermeisterei Schmidt

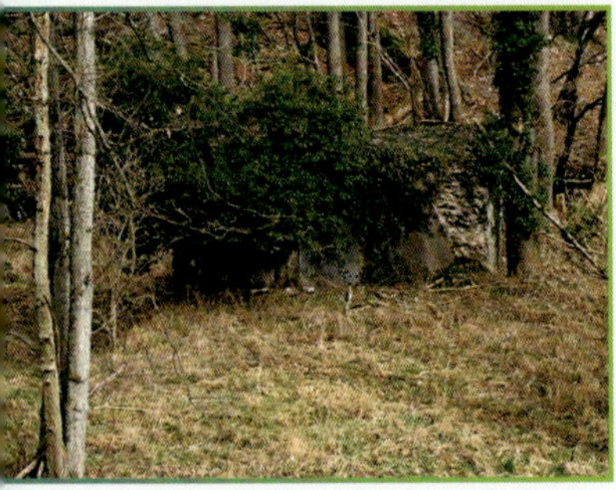

Aus dem heute mit Efeu überwucherten Punpenhäuschen in der Talaue wurde zwischen 1905 und 1971 Trinkwasser in die mehr als 200 Meter höher liegenden Dörfer Vossenack (bis 1936) und Schmidt gepumpt. Das Trinkwasser stammte aus fünf Tiefbrunnen im Talgrund der Kall oberhalb des Pumpenhauses. Das Triebwasser, mit dem vier Lambach-Pumpen für den notwendigen Auftrieb sorgten, wurde in einem geschlossenen Kanal von Simonskall herangeführt. Die Arbeitsweise der Pumpen ist in einer Schautafel beschrieben (vgl. 19. Stopp in Vossenack).

15. Stopp: Eine Gesteinsfalte

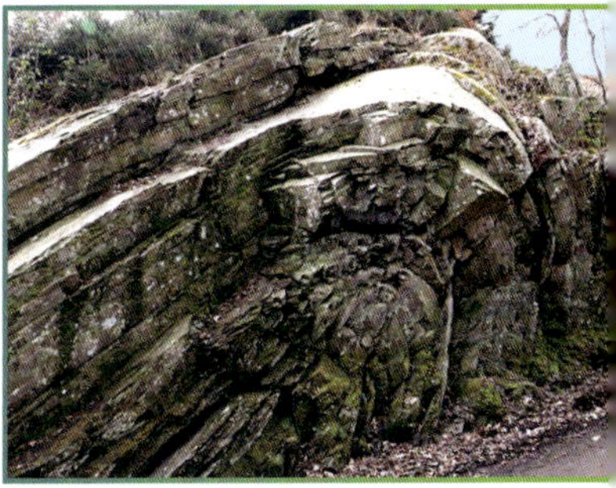

In der Wegböschung ist eine Gesteinsfalte aus mehreren Sandsteinbänken mit dünnen Tonschieferzwischenlagen zu erkennen. Die Sandsteine gehören den Mittleren Rurberg-Schichten (Unterdevon-Zeit) an. Die Ausrichtung und die Form der Falte lassen die Richtung und das Ausmaß des variszischen Gebirgszusammenschubs erkennen. Im Rahmen dieser tektonischen Einengung wurden die Sandsteine quer und diagonal zur Einengungsrichtung geklüftet.

Thema: Die geologische Schichtenfolge der Rureifel
Thema: Faltung und Schieferung in der Rureifel

16. Stopp: Die Talaue der Kall

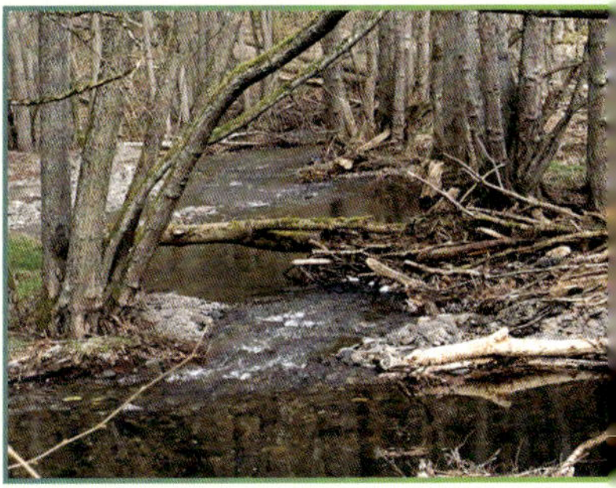

Das Kalltal ist als Natura-2000-Gebiet unter strengen Naturschutz gestellt. Das bedeutet, seine Fließgewässer dürfen nicht reguliert werden, seine Auwälder und Erlengalerien sollen in ihrer ursprünglichen Form erhalten bleiben und das Grünland seiner Talauen darf nur unter Auflagen genutzt werden. Dessen ungeachtet können Hochflutereignisse wie die des Sommers 2021 breite Uferbereiche zerstören, Verwüstungen in den Auwäldern anrichten und große Mengen groben Flussschotter in Kiesbänken aufhäufen.

Thema: Naturschutz in der Rureifel

17. Stopp: Brücke über den Richelsbach

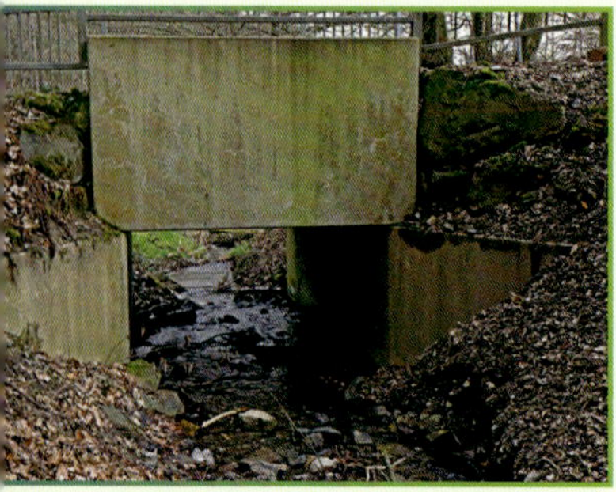

Früher war es üblich, in den steilen Kerbtälern der Rureifel große Betonrohre als Bachunterführungen zu verwenden. Sie bedeuteten aber wegen ihres schnellen und glatten Wasserdurchflusses ein Hindernis für bachaufwärts wandernde Kleintiere, Amphibien und Fische. Heute ist hier die natürliche Bachsohle aus Steinen und Erdreich wiederhergestellt, sodass Süßwasserfische wie die Bachforelle oder die Koppe wieder ungehindert zu ihren Laichplätzen aufsteigen können.

Thema: Naturschutz in der Rureifel

18. Stopp: Das Richelsbachtal

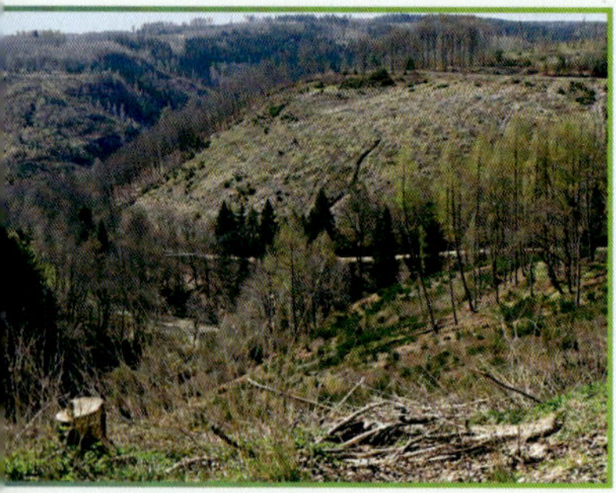

Das Tal ist typisch für die Nebenbäche der Kall: ein Kerb- oder V-Tal ohne breiteren Talboden, mit starkem Gefälle und steilen Hängen. Das Tal erhielt seine heutige Form durch rückschreitende Erosion nach der jüngsten Tieferlegung seines Vorfluters, der Kall. Die steilen Talhänge waren in historischer Zeit immer bewaldet, zuletzt – nach den Zerstörungen des Zweiten Weltkriegs – mit Fichtenforsten. Heute werden die Fichten wegen Sturmschäden, Borkenkäferbefall und zunehmender Trockenheit entfernt und durch Eichen- und Buchenbestände ersetzt.

19. Stopp: Eine Lambach-Pumpe

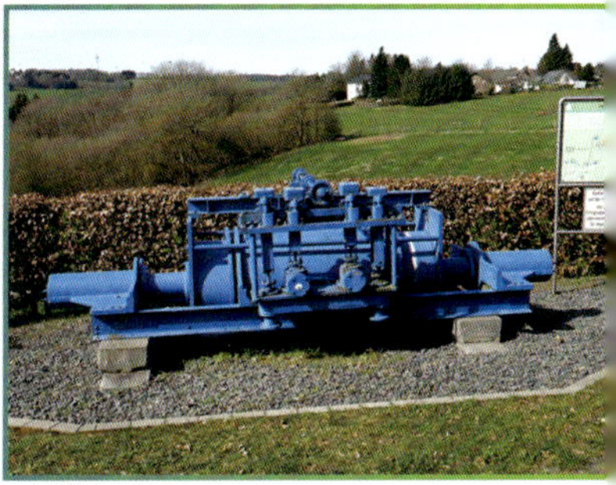

Sie stammt aus dem alten Wasserwerk der früheren Bürgermeisterei Schmidt im Kalltal (siehe 14. Stopp). Eine Schautafel zeigt ihre technischen Details. Das durch den Niveauunterschied zwischen Simonskall und dem Wasserwerk bedingte Gewicht der Kallwassersäule lastet als Kraft auf einem Triebwasserkolben mit großem Durchmesser. Dieser gibt diese Kraft an einen Förderkolben weiter, dessen Durchmesser deutlich kleiner ist. Entsprechend höher ist der Druck, der dann auf die Nutzwassersteigleitung aufgebracht werden kann.

20. Stopp: Das Museum Hürtgenwald 1944 und im Frieden

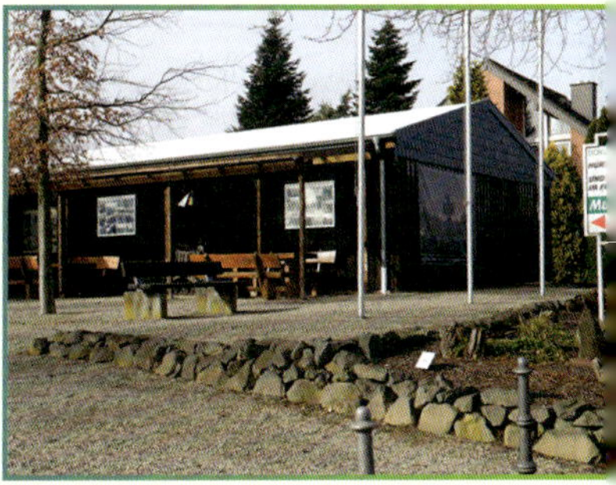

Mit Dokumenten, Fotos und militärischen Exponaten wird hier an die Allerseelenschlacht 1944 im Hürtgenwald erinnert, bei der tausende Soldaten der deutschen Wehrmacht und der amerikanischen Armee ihr Leben verloren, und die die Dörfer, das Land und die Wälder der Umgebung zerstörte und den Bewohnern unendliches Leid und Schaden brachte. Das Museum soll der Mahnung zum Frieden dienen. Es wird von Mitgliedern des Geschichtsvereins Hürtgenwald ehrenamtlich betreut. Öffnungszeiten: März bis November sonntags zwischen 10 und 17 Uhr.

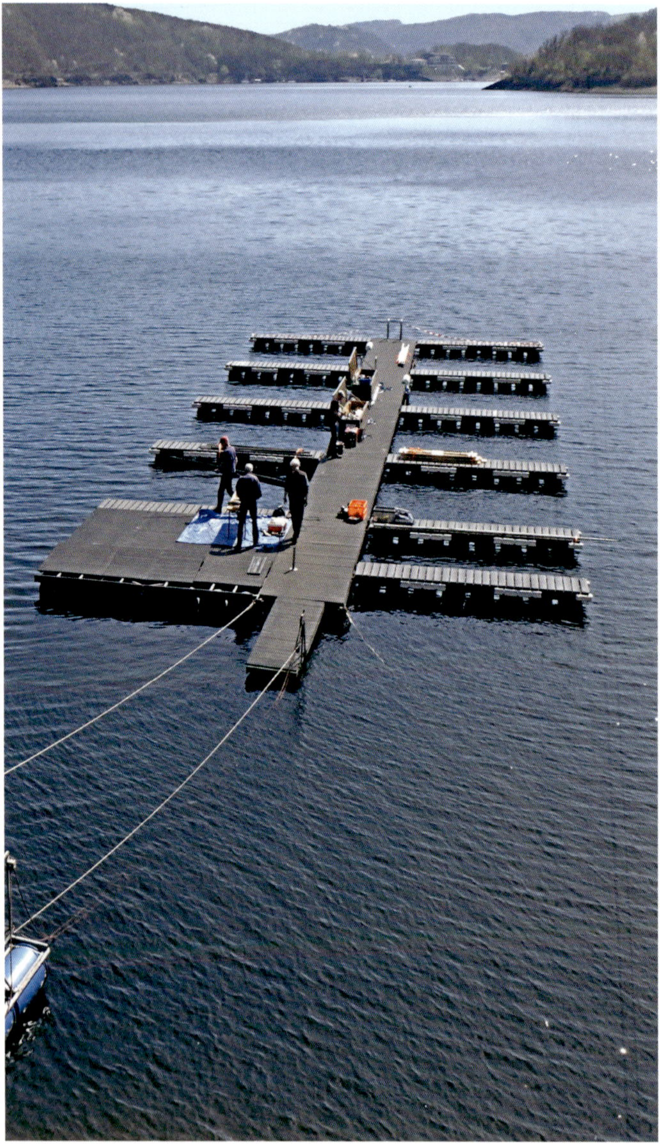

Route 2: Rundwanderung am Rursee bei Schmidt

Start und Ziel: Wanderparkplatz „Scheidbaum“ westlich der Landstraße L 218 von Schmidt nach Heimbach

Dauer: 3,5 Stunden

Länge der Wanderstrecke: circa 10 Kilometer

Höhenunterschiede: 144 Meter

Anfahrt mit öffentlichen Verkehrsmitteln: Haltestelle „Kapelle“ in Schmidt (von dort circa 1,25 Kilometer Fußweg über die Heimbacher Straße, Am Scheidbaum, Im Wiesental zum Wanderparkplatz)

Fahrplanauskunft: www.aseag.de/fahrplan/fahrplanauskunft/

Parkmöglichkeit: Wanderparkplatz „Scheidbaum“ an der Landstraße L 218 von Schmidt nach Heimbach

Streckenverlauf:
Zunächst verläuft die Wanderstrecke auf der Simmerather Hochfläche entlang dem Südrand des Dorfes Schmidt mit spektakulären Aussichten nach Süden über das Rurtal mit dem Rursee. Am östlichen Ortsende von Schmidt führt der Weg hinunter in das Morsbachtal und zum Ruruferweg. Auf dem Ruruferweg geht es zurück an der Eschauel-Halbinsel vorbei in Richtung Staudamm Schwammenauel. Noch vor dem Staudamm steigt der Weg dann wieder steil auf zur Hochfläche und verläuft entlang der Grenze des Nationalparks Eifel zurück zum Parkplatz „Scheidbaum“.

GPX-Daten zur Route 2

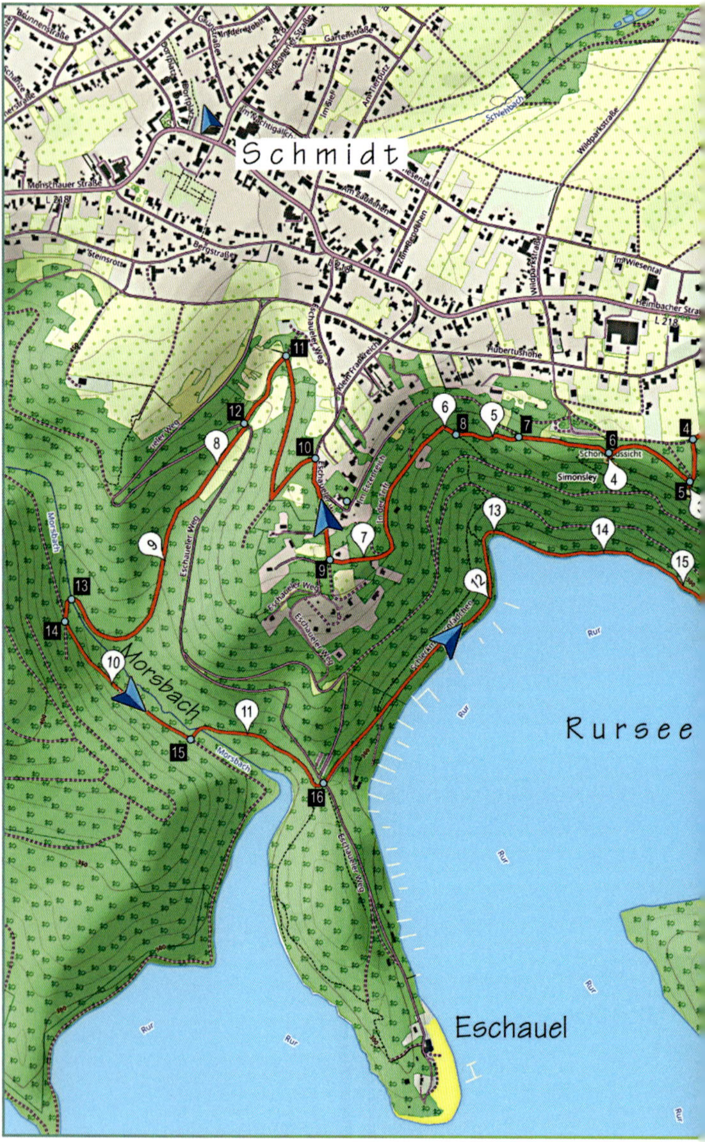
Schmidt
Rursee
Eschauel
Morsbach

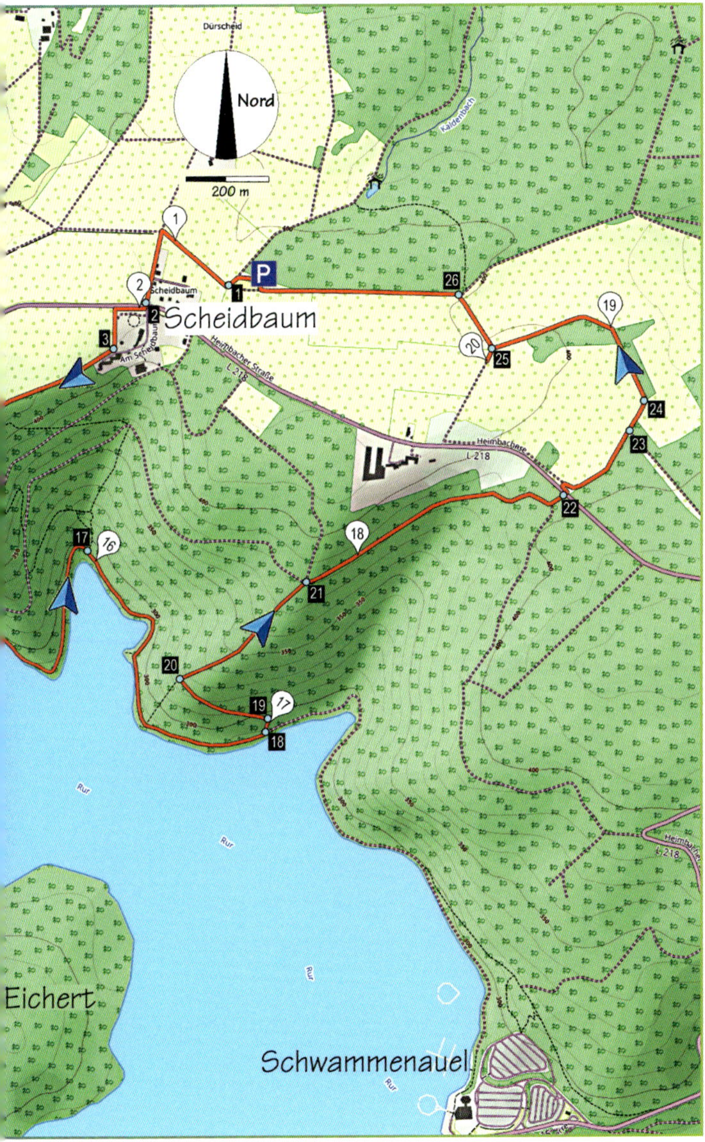
Dürscheid
Nord
200 m
Kaldenbach
P
Scheidbaum
Scheidbaum
Am Scheidbaum
Heimbacher Straße
L 218
Heimbacher
L 218
Rur
Rur
Rur
Rur
Eichert
Schwammenauel
Heimbacher
L 218

Wegweiser

1	Vom Ende des Parkplatzes „Scheidbaum" aus auf dem geteerten Weg zuerst rechts und dann links zur Landstraße 218 gehen.
2	Die Landstraße queren und einem Fußpfad nach rechts um das Grundstück der Jugendstätte Rursee folgen.
3	Am Waldrand entlang in Richtung Schmidt gehen.
4	50 Meter vor einer halben Rechtskurve nach links auf einen Fußpfad durch den Wald einbiegen.
5	Nach einem Abstecher zum Aussichtsplatz „Hubertushöhe" dem Hauptweg nach rechts in Richtung Schmidt folgen.
6	Am Aussichtspunkt „Schöne Aussicht" vorbei geradeaus weitergehen.
7	An einem Wegweiserpfosten einem Fußpfad halb links abwärts folgen.
8	Auf dem Wirtschaftsweg halb rechts weitergehen; dem Weg bis zu einer Teerstraße folgen.
9	Auf der Teerstraße rechts aufwärts gehen.
10	An einem Wegweiserpfosten scharf links in einen Waldweg abbiegen und nach 150 Metern scharf nach rechts abbiegen.
11	Links abbiegen und einem alten Fahrweg bis zur Landstraße abwärts folgen.
12	Die Landstraße queren und dem Weg weiter abwärts bis ins Morsbachtal zum Morsbach folgen.
13	Den Morsbach queren und nach links zu einem Schotterweg gehen.
14	Dem Schotterweg nach links abwärts bis zum Ruruferweg folgen.
15	Auf dem Ruruferweg nach links aufwärts gehen.
16	Die Parkplätze queren und dem Ruruferweg über eine längere Strecke folgen.
17	Dem Ruruferweg weiter folgen.
18	Circa 300 Meter nach einer Kurve mit großer Wegweisertafel einem schmalen Fußpfad oberhalb der Wegböschung nach links in den Wald folgen.

Wegweiser

19	Dem Fußpfad nach links weiter aufwärts folgen.
20	Auf dem Querweg nach rechts weitergehen.
21	Dem Wirtschaftsweg nach rechts über eine längere Strecke bis zur Landstraße 218 folgen.
22	Die Landstraße leicht nach links versetzt queren und jenseits des Straßengrabens einem Wirtschaftsweg nach rechts folgen.
23	Geradeaus weitergehen.
24	Sich links halten.
25	Nach einem Abstecher zur Pipelinestation nach rechts zum Waldrand gehen.
26	Vor dem Waldrand nach links zum Parkplatz „Scheidbaum" zurückkehren.

1. Stopp: Die Simmerather Hochfläche

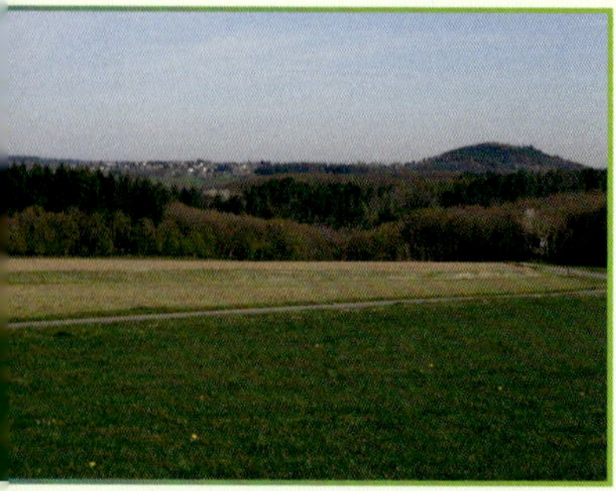

Nach Norden geht der Blick über eine fast ebene Hochfläche bis zu den jenseits des Kalltals gelegenen Häusern von Bergstein. Bis in die jüngere Quartär-Zeit lag diese Verebnung nur knapp über dem damaligen Meeresspiegel. Erst durch die Heraushebung der Nordeifel seit circa 800.000 Jahren erreichte sie ihre heutige Höhenlage um 380 Meter über NN. Rechts neben den Häusern von Bergstein besteht der etwas höhere Buckel des Burgbergs aus einem Erosionsrest von Buntsandstein-Konglomeraten der Mechernicher Voreifel.

Thema: Die Hochflächen und Täler in der Rureifel

2. Stopp: Scheidbaum

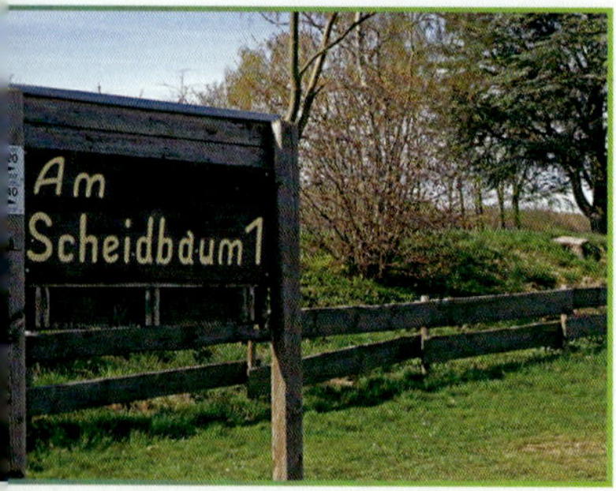

Südlich der Häusergruppe von Scheidbaum verlief vor 1972 die Grenze des Kreises Monschau gegen den Kreis Schleiden. Nach der Gebietsreform von 1972 hat diese Grenze nur noch den Rang einer Gemeindegrenze zwischen der Stadt Nideggen-Schmidt und der Gemeinde Heimbach. Beide gehören heute zum Kreis Düren. Ein Bildstock mit einer Skulptur der Muttergottes markiert hier den Verlauf eines Pilgerwegs von Schmidt nach Heimbach. Er wurde in den 1950er-Jahren von einheimischen Künstlern gestaltet.

3. Stopp: Ausblick „Hubertushöhe"

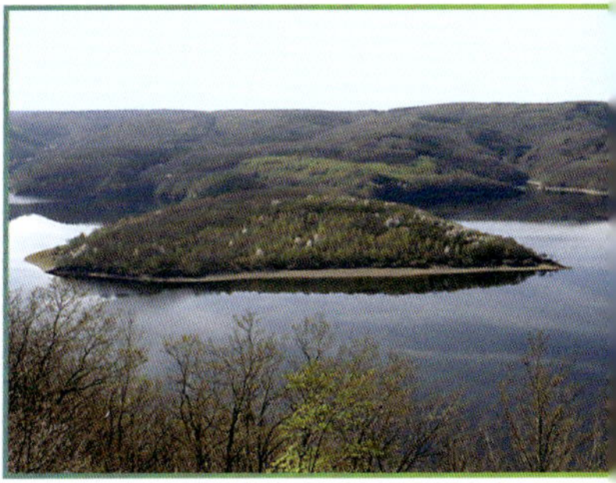

Die Rurtalsperre ist die zweitgrößte Talsperre Deutschlands. Ein erster, 56 Meter hoher Staudamm entstand zwischen 1934 und 1938. Er diente dem Hochwasserschutz und der kontrollierten Bereitstellung von Brauchwasser für die Dürener Industrie. Zwischen 1956 bis 1959 wurde der Damm noch einmal um 16 Meter erhöht. Vor dem Anstau der Talsperre bot der Talboden der Rur Raum für Äcker, Wiesen und kleinere Weiler, wie zum Beispiel in dieser Rurschleife Eschauel und Brementhal.

4. Stopp: Eifelblick „Schöne Aussicht"

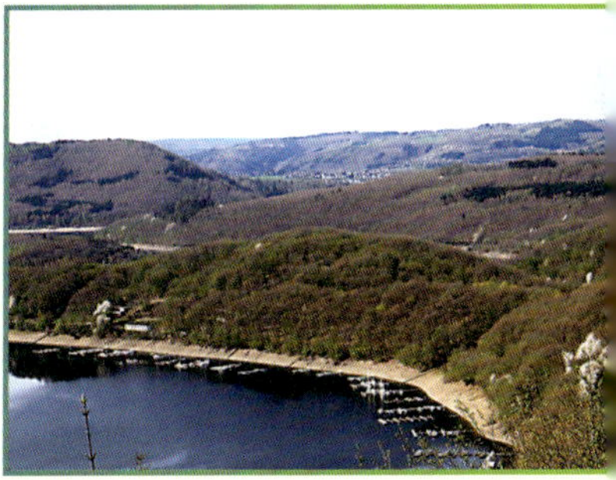

Das Panorama reicht vom Staudamm Schwammenauel im Südosten über das Waldgebiet des Kermeters im Süden bis in das obere Rurtal bei Rurberg im Südwesten. Die Talhänge zeigen eine deutliche Stufung. Die höher liegenden Stufen sind Hauptterrassenreste aus der Zeit nach 800.000 Jahren vor heute. Die tiefer liegenden Vorsprünge und Inseln des heutigen Rursees liegen im Niveau der Rur-Mittelterrassen aus der Zeit zwischen 500.000 und 250.000 Jahren vor heute. Eine schmale Niederterrasse ist heute vom Rursee überstaut.

Thema: Die Hochflächen und Täler in der Rureifel

5. Stopp: Eisenerzbergbau auf der Simonsley

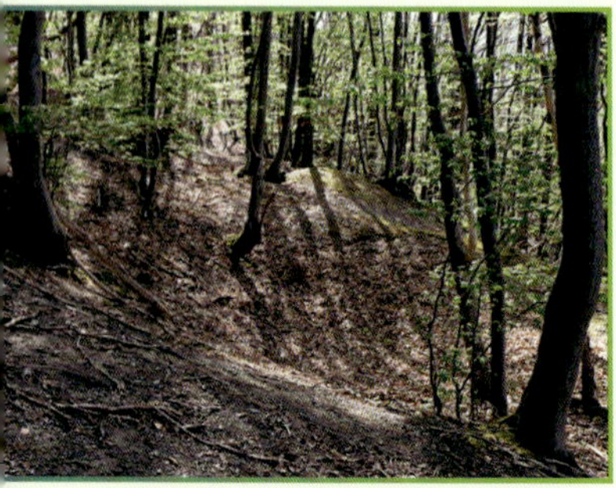

Am Südhang der Simonsley weisen zahlreiche Schürfgruben und Erdhügel auf die frühere Suche nach Eisenerzen und deren oberflächennahen Abbau hin. Bei den Eisenerzen handelte es sich um Brauneisenerz, ein Mineralgemenge aus verschiedenen Eisenoxiden und Eisenhydroxiden, die bei der Verwitterung von Eisenspat ($FeCO_3$) in Quarzgängen entstanden waren. Im 17. Jahrhundert besaß hier Simon Krämer, der Begründer einer Eisenhütte in Simonskall, die Schürfrechte. Das gewonnene Erz wurde mit Pferdefuhrwerken oder auf Tragen über die Hochfläche von Schmidt ins Kalltal transportiert.

6. Stopp: Eine Halde der Grube „Erzenreich"

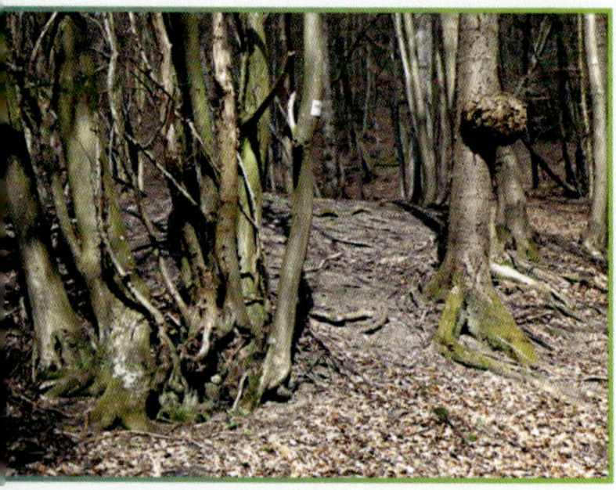

Auch in dem steilen Tal, das hier bis zum Rursee hinunterreicht, zeugen tiefe Gruben und ausgeworfenes Schiefermaterial vom historischen Erzbergbau an der Simonsley. Zu Beginn des 19. Jahrhunderts waren die Schürfrechte an die Familie Hoesch übergegangen. „Erzenreich" hieß hier damals ein Bergwerk mit Stollen und tief reichenden Schächten. Sein Eingang ist heute noch unterhalb der letzten Häuser der Wohnstraße gleichen Namens zu sehen. Noch bis 1866 lieferte die Grube Eisenerze an die Hütte Zweifallshammer im unteren Kalltal.

7. Stopp: Wohnen im Grünen

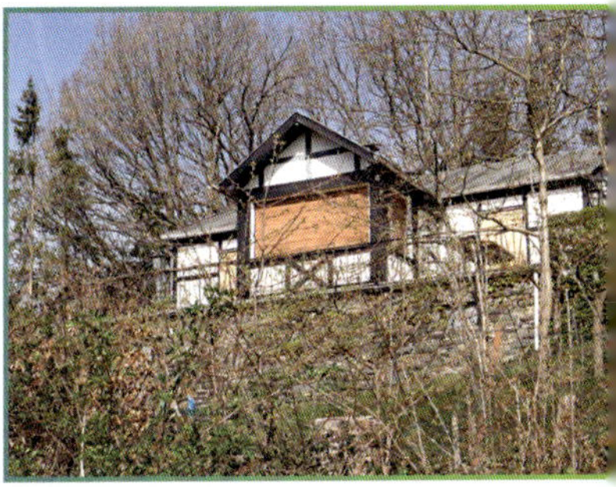

Zum Eschaueler Berg hin trifft man auf verstreut liegende Wohn- und Ferienhäuser im Landhausstil mit großen Grundstücken. Für die Jahre 1964 und 1966 verzeichnet die damalige topografische Karte hier noch wenige kleinere Wochenendhäuser in einem Waldgebiet. Damals war auch der hier abwärts verlaufende Eschaueler Weg noch der einzige Zugang zur Halbinsel Eschauel. Die heutigen modernen Anwesen und auch die kurvenreiche Autostraße nach Eschauel entstanden erst in neuerer Zeit.

8. Stopp: Fichten im Hang

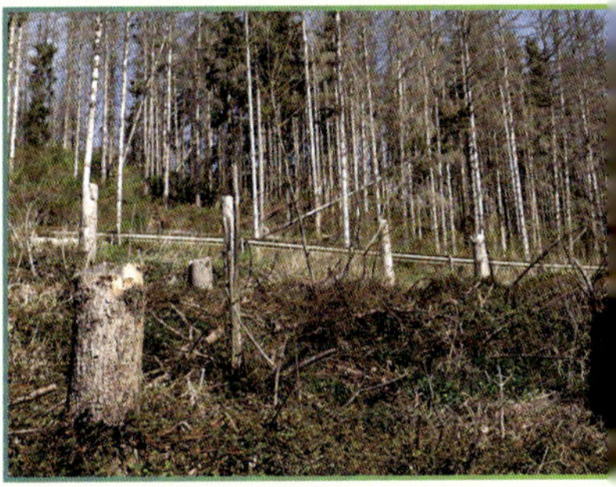

Nach den verheerenden Zerstörungen am Ende des Zweiten Weltkrieges nicht nur der Dörfer, sondern auch der Wälder wurden in den Hängen des Rurtals hauptsächlich Fichten neu gepflanzt. Sie galten wie schon in preußischer Zeit als lohnender Wirtschaftsbaum. Allerdings kommen die Fichten wegen ihrer flachen Wurzeln mit Trockenheit und Stürmen schlecht zurecht. Einmal geschwächt, können sie dann den Borkenkäfer nicht mehr abwehren. Heute soll dem flächenhaften Fichtensterben der Aufwuchs eines naturnäheren, artenreicheren Mischwaldes folgen.

9. Stopp: Ein steiles Kerbtal

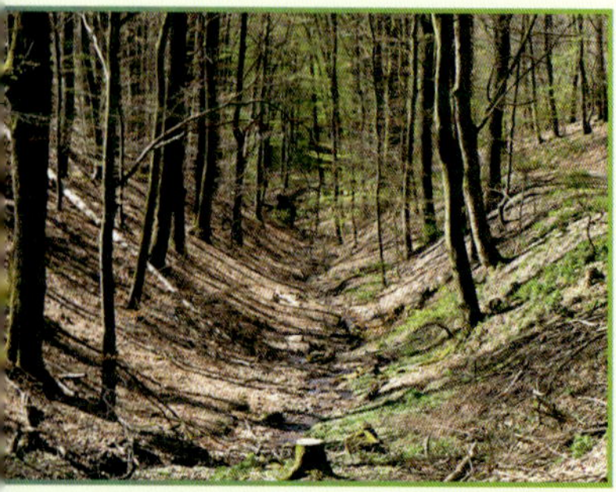

Das tief eingeschnittene Kerbtal zum Morsbach hin weist in seinem Unterlauf besonders steile Talflanken auf. Der Grund ist das besonders starke Gefälle seiner Talsohle, das eine Seitenerosion verhinderte. Die Steilhänge tragen einen typischen Buchen-Eichen-Niederwald. Im Oberlauf des Tals haben Hangrutsche von der Seite her einen breiteren Talboden entstehen lassen, der als Weidefläche und Heuwiese genutzt werden kann.

Thema: Die Hochflächen und Täler in der Rureifel

10. Stopp: Im Tal des Morsbachs

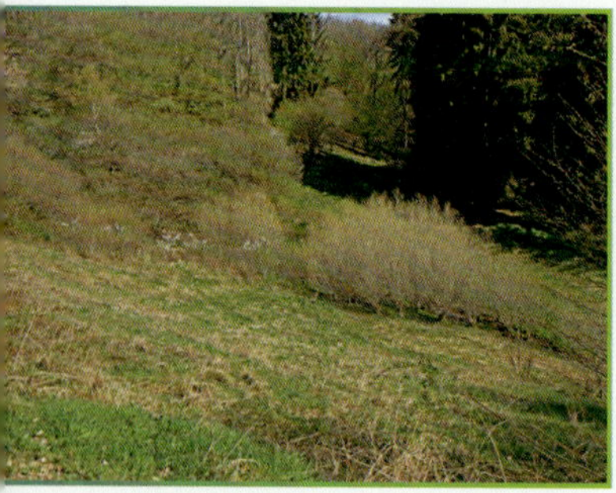

Auch das Morsbachtal ist ein kurzes, steiles Kerbtal von der Hochfläche westlich von Schmidt hinunter ins Rurtal. Nur dort, wo sich zwei dieser steilen Täler treffen, ist der Talboden breiter ausgeräumt und konnte deshalb früher als Mähwiese genutzt werden. Um ganzjährig mähen zu können, wurden die Wiesen von den Talflanken her durch hangparallel geführte Gräben bewässert („Flüxgräben"). Heute verbuschen solche kleinen Wiesenstücke allmählich mit Haselsträuchern und Weiden.

11. Stopp: Der Rurufer-Radweg

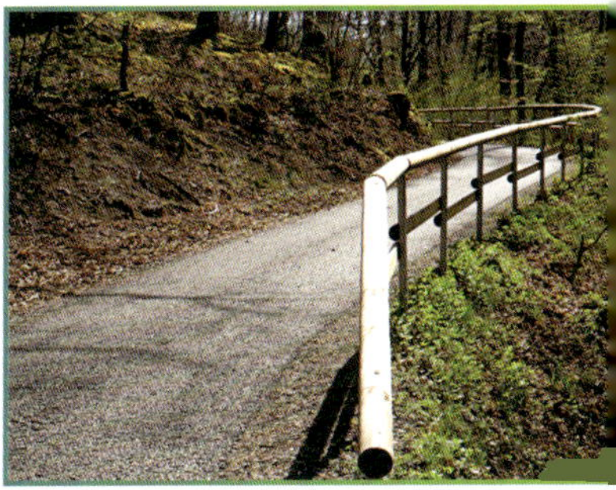

Der Uferweg des Rursees ist nicht nur Wirtschaftsweg und Wanderweg, sondern auch Teil eines 180 Kilometer langen überregionalen Radwegs entlang der Rur. Dieser Rurufer-Radweg beginnt in der Nähe der Rurquellen bei Botrange im belgischen Hohen Venn und verläuft über Monschau durch die Rureifel, vorbei an Düren und Jülich und durch die Region Heinsberg bis zur Mündung der Rur in die Maas in Roermond. Der Radweg wurde in den letzten Jahren im Rahmen eines grenzüberschreitenden Förderprogramms großzügig ausgebaut.

12. Stopp: Der Rursee als touristische Attraktion

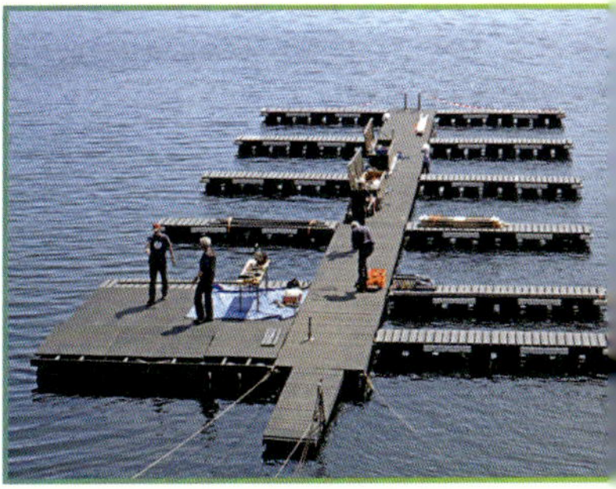

Neben seinen wasserwirtschaftlichen Aufgaben hat sich der Rursee mit seinen vielfältigen Wassersportmöglichkeiten zu einer zugkräftigen touristischen Attraktion entwickelt. Am Fuß der Halbinsel Eschauel landen die Fahrgastschiffe der Rurseeschifffahrt und ein Strandbad mit aufgeschüttetem weißem Sand lädt zum Sonnenbaden ein. Ursprünglich war Eschauel ein Weiler aus mehreren Höfen, der hier beim ersten Anstau der Rurtalsperre 1934-1938 überflutet wurde.

13. Stopp: Ein ehemaliger Entwässerungsstollen

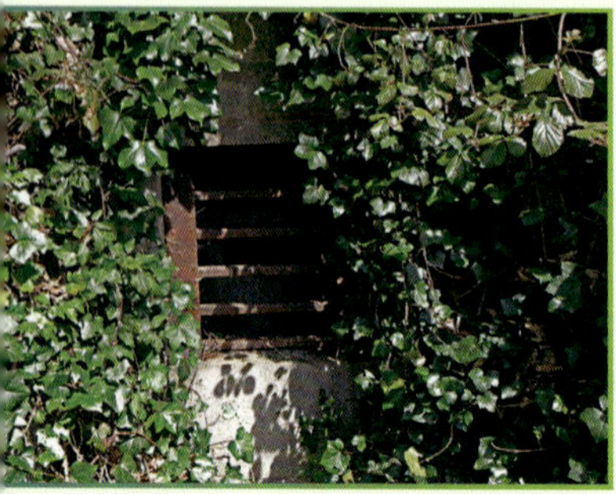

Das Stollenmundloch befindet sich am unteren Ende des Steilhangs mit den Schürfgruben und Erdhügeln der Simonsley. Es diente wahrscheinlich der Entwässerung von tief reichenden Stollen und Schächten der dortigen Eisenerzgruben. Die Zone der mit Quarz und Eisenspat gefüllten Spalten, aus denen die Brauneisenerze hervorgingen, verläuft hier aus dem Rurtal bis auf die Hochfläche von Schmidt. Sie steht in Verbindung mit einem weiter nördlich im Kalltal erschlossenen „Brandenberger Erzzug".

14. Stopp: Tief reichendes Wurzelgerüst der Traubeneichen

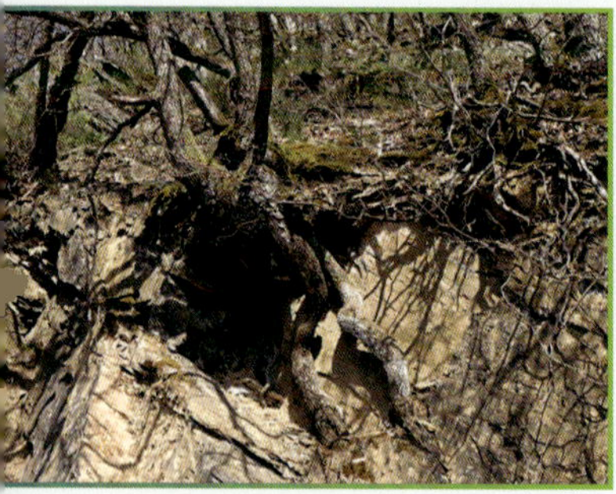

Entlang den Steilhängen des Rurtals entwickelten sich nur flachgründige Böden, die leicht von der Sonne erwärmt und vom Regen durchnässt werden, aber ebenso schnell wieder austrocknen. Die hier wurzelnden Traubeneichen und Hainbuchen nutzen die dünne Bodenschicht als Nährstoffquelle. Ihre Wurzeln reichen aber auch oft metertief in die darunter anstehenden Schiefer und Sandsteinfelsen hinein. Dort stellen offene Fugen und Klüfte auch in trockenen Zeiten einen wichtigen Wasserspeicher dar.

15. Stopp: Obere Rurberg-Schichten

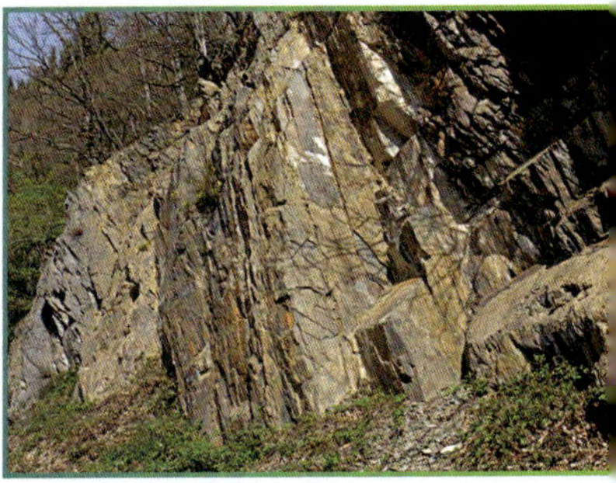

Nach Erhöhung des Rursee-Wasserspiegels 1956/59 musste der Ruruferweg hier in den Fels gesprengt werden. Dadurch lassen sich die Schiefer und Sandsteine der Oberen Rurberg-Schichten hier besonders gut studieren. Sie entstanden etwa 405 Millionen Jahre vor unserer heutigen Zeit. Einzelne Sandsteinbänke zeigen in regelmäßigen Abständen mit weißem Quarz („Milchquarz") gefüllte Spalten.

Thema: Die geologische Schichtenfolge der Rureifel
Thema: Faltung und Schieferung in der Rureifel

16. Stopp: Eichen-Niederwald

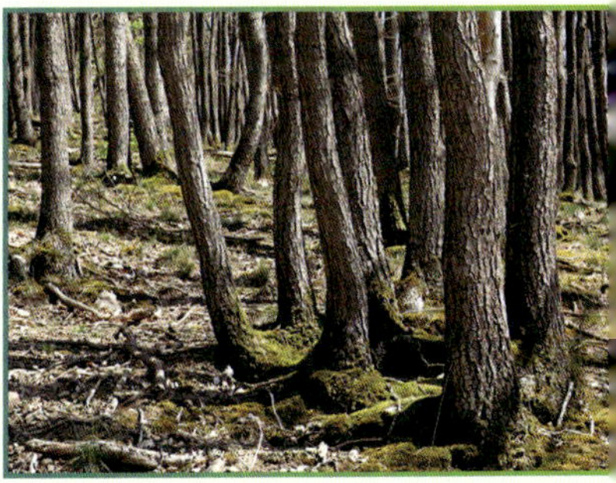

Die häufigste Baumart in den Hangwäldern des Rurtals ist die Traubeneiche. Man erkennt sie daran, dass ihre Früchte, die Eicheln, in kurz gestielten Trauben zusammensitzen. Bis vor 100 Jahren war hier die Eiche auch die wirtschaftlich wichtigste Baumart. Aus der Rinde junger Bäume wurde Lohe gewonnen, ein Gerbstoff, der benötigt wurde, um Leder haltbar zu machen. Hinzu kam die Köhlerei zur Gewinnung von Holzkohle etwa für die Verhüttung von Eisen- und Buntmetallerzen. Schließlich bevorzugte man Eichenholz auch als Bauholz bei der Errichtung von Fachwerkhäusern.

17. Stopp: Ein ehemaliger Kohlenmeilerplatz

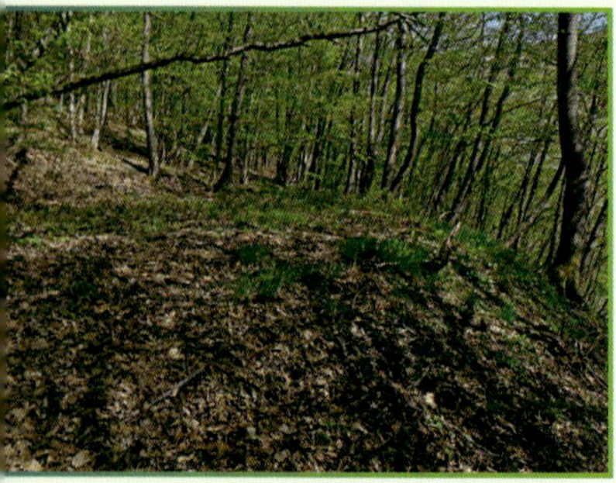

An verschiedenen Stellen lassen sich hier im Hang künstliche Verebnungen mit halbrunden Abgrabungen auf der Hangseite und davor halbkreisförmigen Anschüttungen erkennen. Es handelt sich um ehemalige Meilerplätze. In der Regel enthält dann ihr deutlich schwarz gefärbter Boden auch noch Holzkohlenreste. Bis in die Mitte des 19. Jahrhunderts hinein wurde in der Rureifel Holzkohle gebrannt, zu Heizzwecken und hauptsächlich zur Verhüttung der hier geförderten Eisenerze.

18. Stopp: Hainbuchen-Niederwald

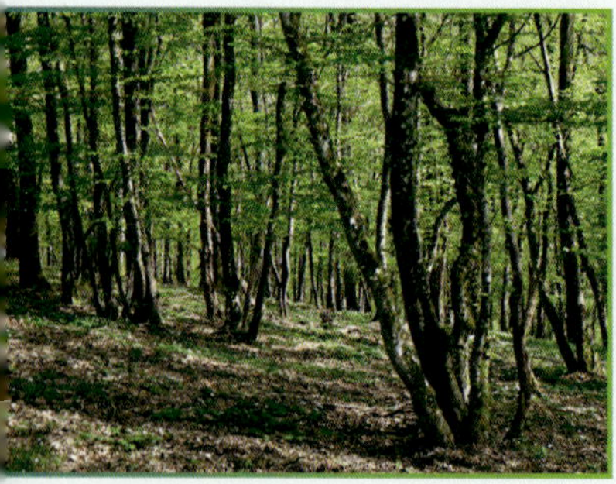

In feuchterer Umgebung wachsen auf den dünnen, nährstoffarmen Böden der Steilhänge des Rurtals auch Hainbuchen. Sie wachsen langsam und oft krumm und schief. Bis vor circa 100 Jahren wurden ihre Stämme alle 20 bis 25 Jahre zur Holzkohlegewinnung, als Brennholz oder als Bauholz geschlagen. Um den verbleibenden Stammrest herum bildeten sich dann neue Triebe, aus denen wieder neue Stämme nachwuchsen. So erklärt sich der oft büschelförmige Wuchs vieler Hainbuchen mit solchen Ausstockungen.

19. Stopp: Viele Jagdhochsitze

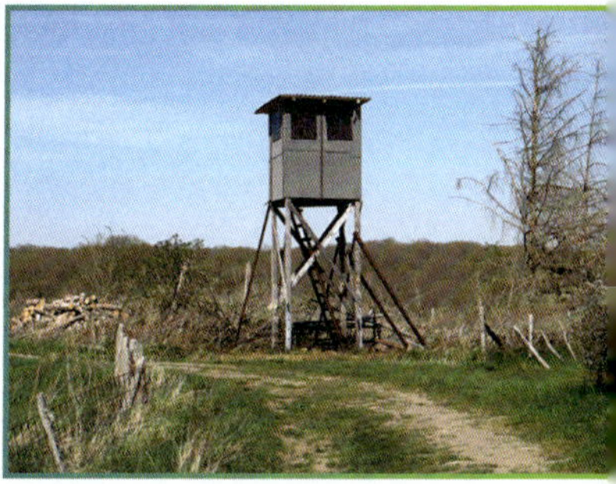

Entlang der Grenze zum Nationalpark Eifel trifft man auf auffällig viele Jagdhochsitze. Auch wenn laut der Nationalparkverordnung die Jagd auf Rothirsche, Rehe und Wildschweine eigentlich ruhen sollte, wird doch immer wieder in den Bestand dieser Wildtiere eingegriffen. Besonders im Winter fressen sie die Knospen junger Bäume und verhindern so die erwünschte Verjüngung und Entwicklung von Laubwäldern. Ohne regulierende Eingriffe wäre eine Umwandlung der nicht heimischen Nadelwälder in Laubwald etwa durch das Pflanzen junger Buchen nicht möglich.

20. Stopp: Kontrollstation einer Gaspipeline

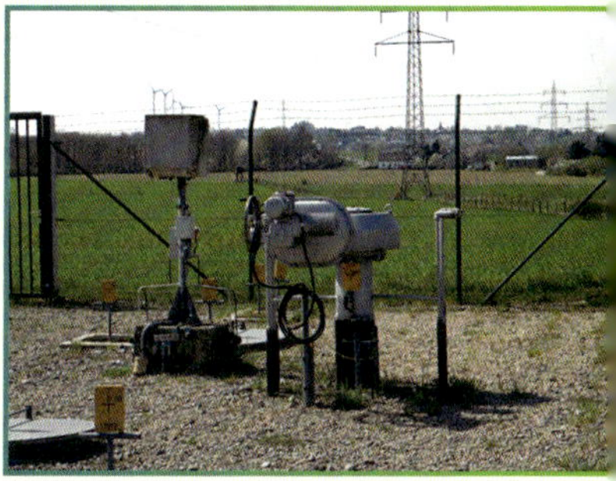

Die Anlage dient der Kontrolle einer Trans-Europa-Naturgas-Pipeline (TENP) von der deutsch-niederländischen Grenze bei Aachen an die Schweizer Grenze. Die Pipeline besteht aus zwei parallelen Leitungssträngen, die in den 1970er- und 1990er-Jahren und auch nach 2000 verlegt wurden. Die Leitungen transportieren über eine Strecke von etwa 500 Kilometer niederländisches Erdgas in Richtung Schweiz und Italien. Aber auch umgekehrt kann Gas von der Schweizer Grenze aus in Richtung Norden transportiert werden.

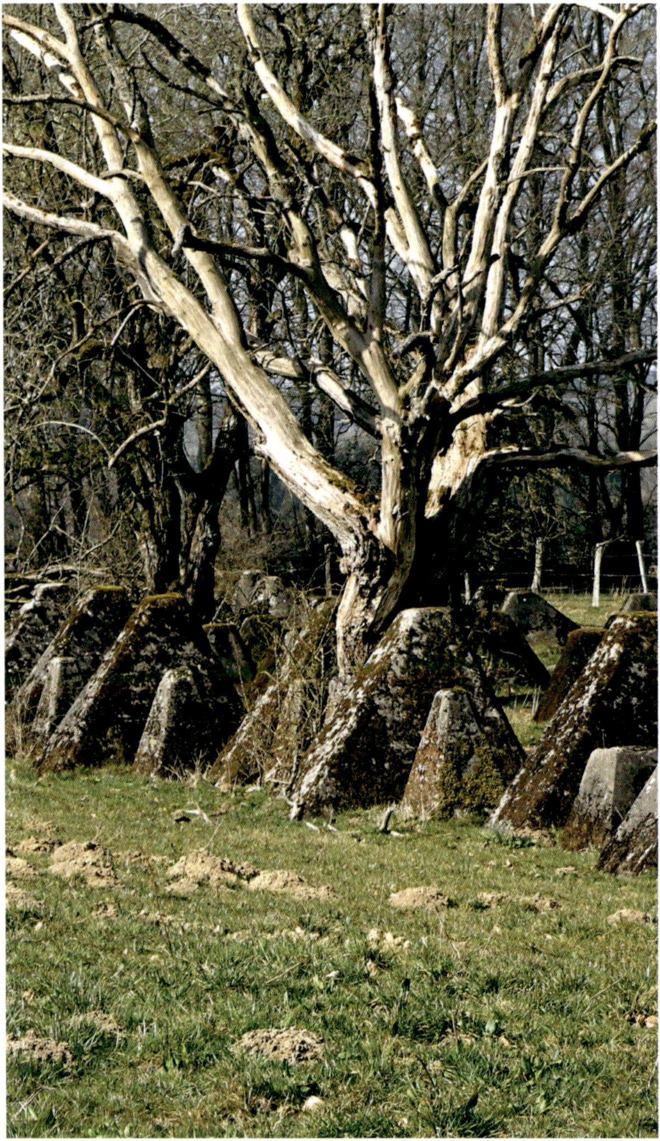

Route 3: Rundwanderung im oberen Kalltal bei Simmerath

Start und Ziel: Parkplatz „Friedhof" in Simmerath, Friedhofsweg

Dauer: vier Stunden

Länge der Wanderstrecke: circa 11,5 Kilometer

Höhenunterschiede: 57 Meter

Anfahrt mit öffentlichen Verkehrsmitteln: Bushof, Simmerath (von dort circa 400 Meter Fußweg über den Kreisverkehr und die schmale Gasse Zum Eifelkreuz zum Parkplatz am Friedhof)

Fahrplanauskunft: www.aseag.de/fahrplan/fahrplanauskunft/

Parkmöglichkeit: Parkplatz „Friedhof" Simmerath, Friedhofsweg

Streckenverlauf:
Vom Parkplatz führt der Weg hinunter zur Simmerather Mühle im Kalltal. Von dort geht es flussaufwärts zur Bickerather Straße. Jenseits der Straße folgt der Weg über eine längere Strecke der Westwall-Höckerlinie zunächst noch im Kalltal und dann nach Süden ins Naturschutzgebiet Simmerather Kransvenn.

In einem großen Bogen geht es dann durch eine naturbelassene Wald- und Moorlandschaft an Konzen vorbei wieder in das obere Kalltal zurück und aufwärts in Richtung Hoscheiter Venn und Paustenbacher Venn. Von Paustenbach aus verläuft der Rückweg über die Anhöhe des Paustenbacher Friedenskreuzes wieder zurück zur Simmerather Mühle und zum Parkplatz.

GPX-Daten zur Route 3

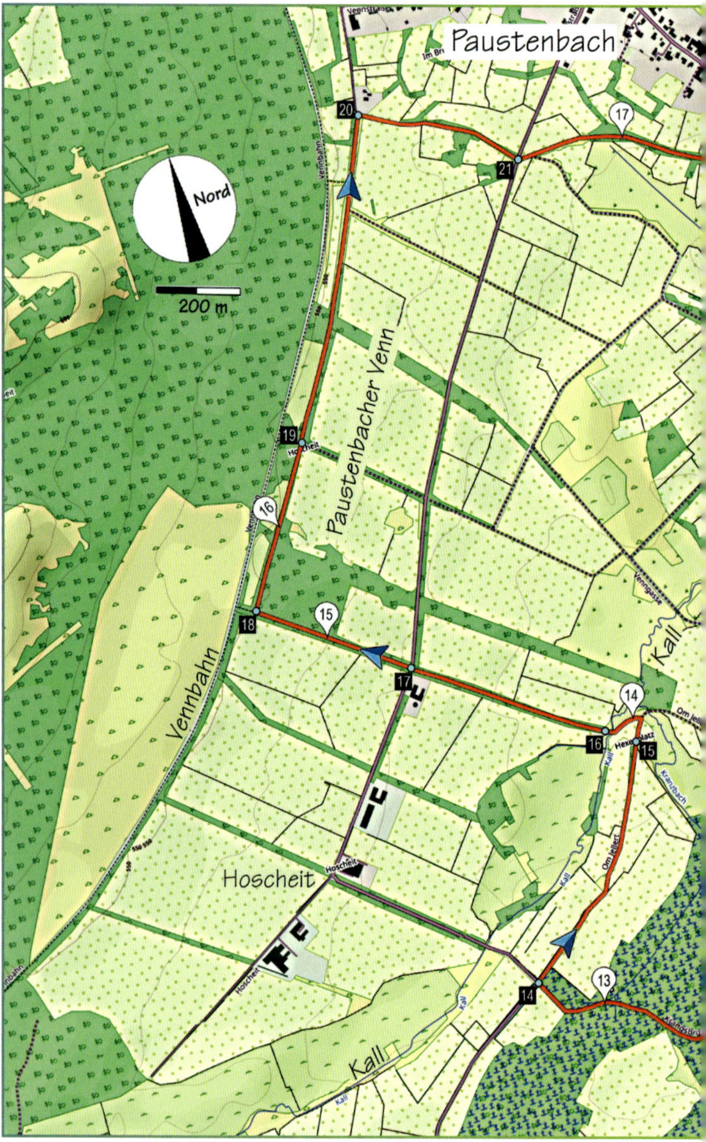
Paustenbach
Nord
200 m
Paustenbacher Venn
Vennbahn
Hoscheit
Kall
Venngasse
Om Jellert
Kranzbach
Hexenplatz
20
21
17
19
16
18
15
17
14
16
15
14
13

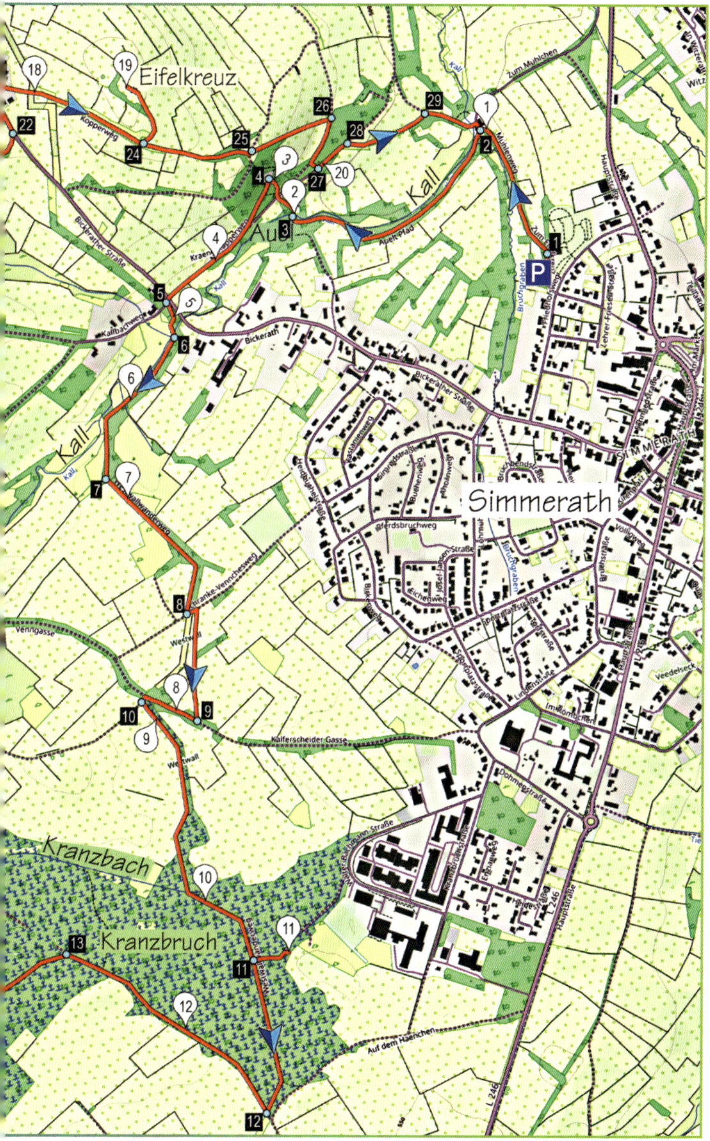
Eifelkreuz
Kall
Simmerath
Kranzbach
Kranzbruch
Kopperweg
Bickerather Straße
Kalfterscheider Gasse
Auf dem Haenchen
Hauptstraße
L 246

Wegweiser

1	Dem Weg zum Eifelkreuz abwärts in Richtung Simmerather Mühle folgen.
2	Unmittelbar vor der Mühle nach links in einen Fußweg abbiegen und diesem entlang dem Südhang des Kalltals in Richtung der Auelt folgen.
3	In der Auelt über die Steinbrücke die Kall queren und geradeaus aufwärts über den Teerweg hinweg bis zum Grillplatz gehen.
4	Vor der Grillhütte links einem Wirtschaftsweg zurück zum Teerweg folgen und weiter geradeaus bis zur Bickerather Straße gehen.
5	Die Bickerather Straße queren und gleich links einem Fußweg zur Höckerlinie und weiter zur Fußgängerbrücke über die Kall folgen.
6	Auf der Mauer der Höckerlinie weiter entlang der Kall und dann links aufwärts gehen.
7	Von einer Drehtür für Fußgänger aus auf der Mauer der Höckerlinie weitergehen.
8	Auf dem Wirtschaftsweg nach links und nach 20 Metern gleich wieder rechts gehen.
9	Rechts abbiegen und bis zur Höckerlinie gehen.
10	Nach links auf die Mauer der Höckerlinie abbiegen und dieser wieder eine längere Strecke folgen.
11	Einen circa 200 Meter langen Abstecher nach links zu einem Wegkreuz machen; dann auf der Mauer der Höckerlinie weitergehen.
12	Nach rechts einem breiten Wirtschaftsweg abwärts folgen.
13	An einer Bank dem Wirtschaftsweg nach links in Richtung Konzen folgen.
14	Vor der Straße einem Wirtschaftsweg nach rechts folgen.
15	Von einem Rastplatz mit einer langen Bank (Hexenplatz) zuerst weiter geradeaus und dann nach links zur Kallbrücke gehen und diese queren.

Wegweiser

16	Von der Kallbrücke aus einem Wiesenweg zwischen zwei Entwässerungsgräben immer geradeaus aufwärts folgen.
17	Die Straße queren und dem Wirtschaftsweg weiter geradeaus aufwärts folgen.
18	50 Meter vor der Vennbahntrasse nach rechts in einen Fußpfad abbiegen und diesem folgen.
19	Auf dem Wirtschaftsweg weiter geradeaus bis zu den ersten Häusern von Paustenbach gehen.
20	Vor dem ersten Haus von Paustenbach auf eine schmale Teerstraße nach rechts abbiegen und ihr bis zur Landstraße folgen.
21	Die Landstraße queren und nach 20 Metern einem Wirtschaftsweg weiter geradeaus folgen.
22	An der Einmündung des Wirtschaftswegs in die nächste Landstraße auf dieser 120 Meter nach links gehen.
23	Scharf rechts in die Kopperstraße abbiegen und ihr aufwärts folgen.
24	Einen Abstecher zum Friedenskreuz machen; auf dem Rückweg links abbiegen und geradeaus weiter abwärts gehen.
25	Wo der Wirtschaftsweg nach links abknickt, auf einem Wiesenweg weiter geradeaus gehen.
26	Scharf rechts abbiegen und bei nächster Gelegenheit wieder nach links abbiegen.
27	Auf einem Teerweg nach links gehen.
28	Sich rechts halten.
29	Nach rechts zur Simmerather Mühle abbiegen und von dort zum Parkplatz am Friedhof zurückkehren.

1. Stopp: Die Simmerather Mühle

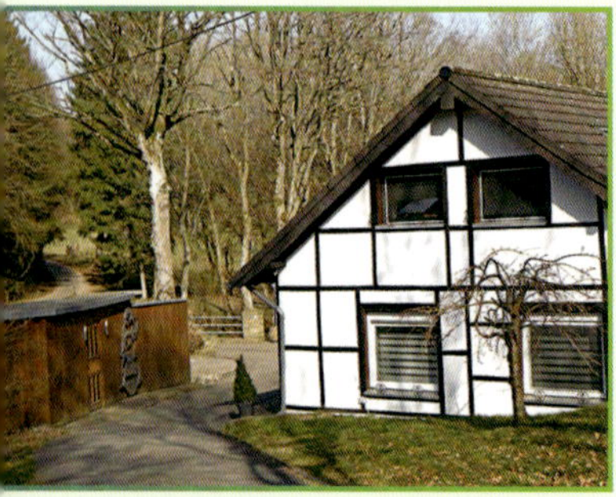

Die Simmerather Mühle war die jüngste Kornmühle im Kalltal. Bis zum Wegfall des mittelalterlichen Mühlenzwangs aufgrund der französischen Neuordnung seit 1794 mussten die Simmerather ihr Getreide noch in den Bannmühlen weiter unterhalb an der Kall (Lammersdorfer Mühle) oder im Tiefenbachtal bei Huppenbroich mahlen lassen. Erst seit 1850 stand ihnen die näher gelegene Simmerather Mühle am Kirchweg von Lammersdorf zur Verfügung.

2. Stopp: Die Auelt

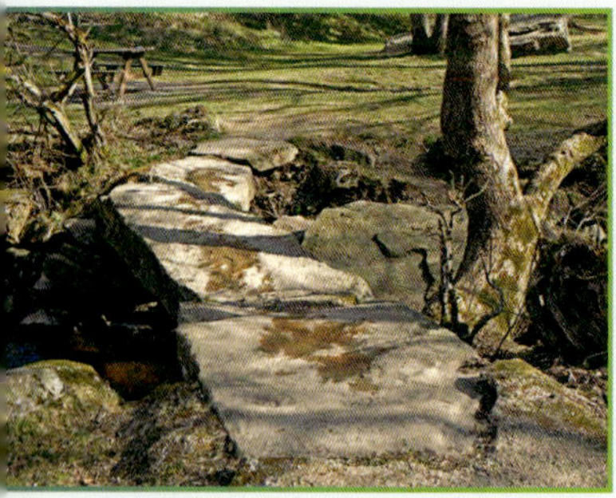

In der hier als Auelt bezeichneten Talaue der Kall quert eine Brücke aus wenigen großen Sandsteinplatten den Fluss. Viele weitere, auffällig große, aber auch kleinere Sandsteinblöcke liegen hier herum. Sie stammen aus den Felsklippen im südlichen Steilhang und aus einem Steinbruch (mit Grillhütte) in der nördlichen Talflanke des Kalltals. Die helle Farbe dieser Sandsteine geht auf ihren hohen Gehalt an durchsichtigen Quarz- und weißen Feldspatkörnern zurück. Auf der Oberfläche einer besonders großen Sandsteinplatte sind Rippelmarken angedeutet.

3. Stopp: Devon-Sandsteine

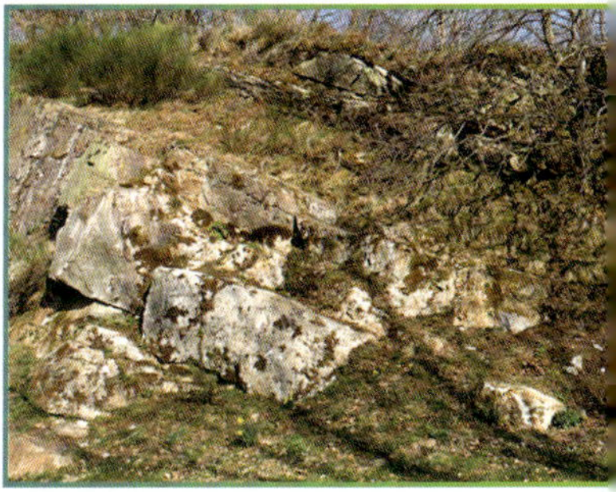

In dem Steinbruch wurden früher die hellen, harten Sandsteine abgebaut, die auch unten in der Auelt in großen Bruchstücken herumliegen. Entstanden sind diese Sandsteine zu Beginn der Unterdevon-Zeit (Gedinne-Schichten). Sie sind die verfestigten Küstensande eines flachen Meeres vor dem Südrand des damaligen Old Red-Kontinents. Wegen ihrer Grobkörnigkeit und ihres hohen Anteils an Feldspatkörnern bezeichnen die Geologen sie als Arkose-Sandsteine. Diese sehr harten Sandsteine waren früher ein besonders beliebter Bausandstein.

Thema: Die geologische Schichtenfolge der Rureifel

4. Stopp: Die Kall-Talaue

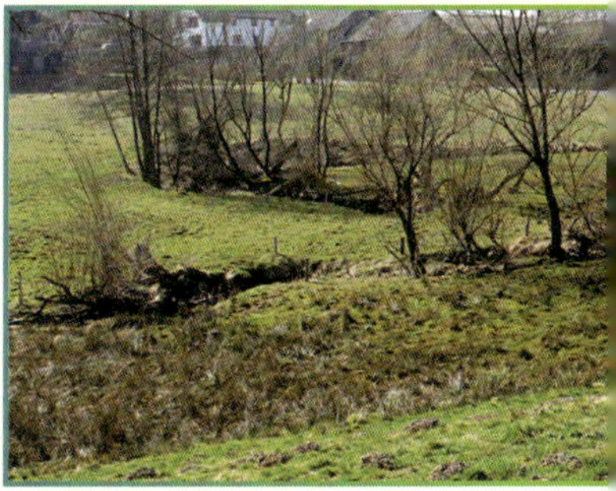

Oberhalb ihres Durchbruchs durch die Sandsteinfelsen der Auelt mäandriert die Kall frei durch die Wiesen ihres Talbodens. Ihre natürlichen Begleiter sind Schwarzerlen und Weidenbüsche. Der hier zwischen 30 und 40 Meter tiefer als die Eifelhochfläche liegende Talboden entspricht einer Hauptterrasse der Kall aus einer Zeit vor rund 500.000 Jahren. Eine durch die anhaltende Hebung der Nordeifel bedingte jüngere rückschreitende Erosion im unteren und mittleren Kalltal hat hier den oberen Kalllauf noch nicht erreicht.

Thema: Die Hochflächen und Täler in der Rureifel

5. Stopp: Die Höckerlinie

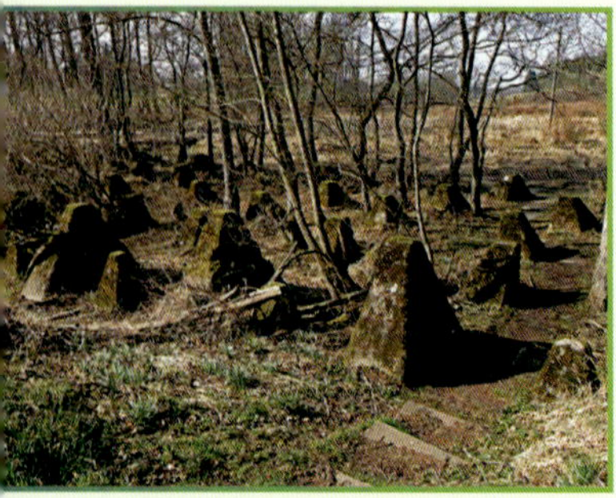

Um das Deutsche Reich zu sichern, entstand zwischen 1936 und 1940 entlang seiner Westgrenze der Westwall. Zu seinen heute noch sichtbaren Überresten zählen vor allem Panzersperren und Bunker. Hier quert eine als Panzersperre geplante „Höckerlinie" von Lammersdorf im Norden bis zum Hargard bei Monschau das Kalltal. Ihre in mehreren Reihen hintereinander angeordneten Betonstelen sollten gepanzerte Fahrzeuge eines Angreifers an der Durchfahrt hindern. Dass sie diese Erwartungen nicht erfüllen konnten, haben die Kriegsereignisse 1944/45 gezeigt.

6. Stopp: Die „Ur-Kall"

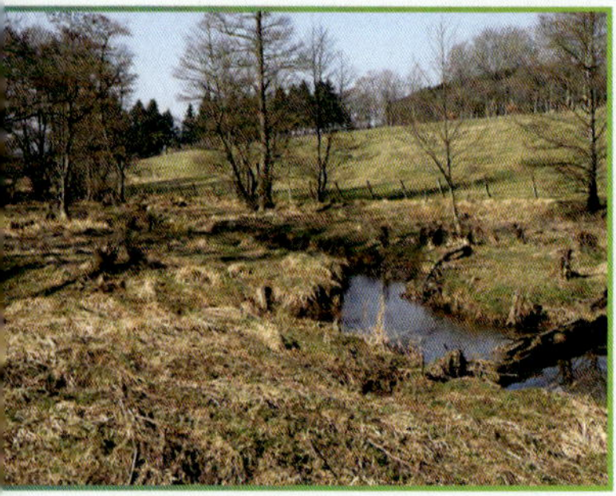

Die Kall fließt hier oberhalb von Bickerath nur noch in einem flachen Muldental. Es ist die ursprüngliche Talform, die vor Beginn der Heraushebung der Eifel vor circa 800.000 Jahren für die ganze „Ur-Kall" galt. Deren Einzugsgebiet wurde bis heute nicht von der rückschreitenden Erosion der modernen Kall betroffen. Heute staut sich hier das Niederschlagswasser über undurchlässigen Salm-Schiefern der Ordovizium-Zeit. Auf dem Talboden gedeihen Erlen und Weiden und es kommt zur Moorbildung.

Thema: Die Hochflächen und Täler in der Rureifel

7. Stopp: Eine Mauer als Wanderweg

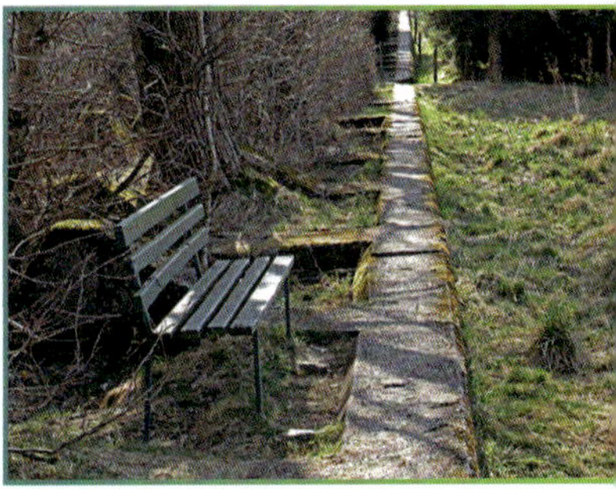

Der sogenannte Westwallwanderweg verläuft über weite Strecken auf einer durchgehenden schmalen Mauer, die die Höckerlinie nach Westen abschließt. Zwischen den Höckern wachsen große Pappeln und gelegentlich auch Fichten. Sonst sind sie meistens von Brombeeren, Weißdorn und Wildrosen überwuchert und mit Moos und Flechten überzogen. Diese Strecke erfordert hohe Konzentration und einen guten Gleichgewichtssinn. Die weiten Ausblicke über das obere Kalltal und dahinter das Hohe Venn genießt man am besten von den gelegentlich auf der Mauer installierten Bänken aus.

8. Stopp: Altes Steinpflaster

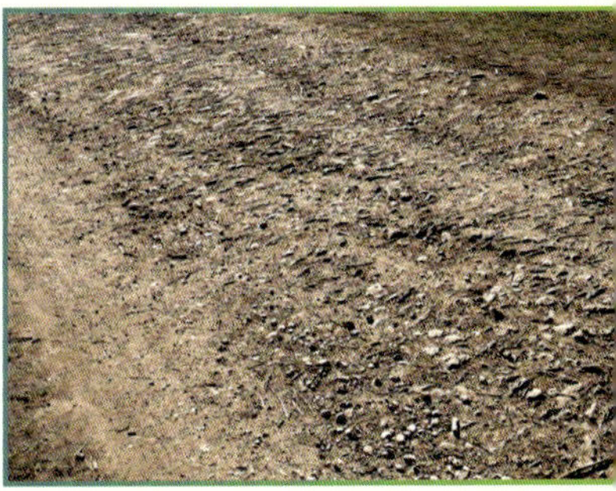

Ein breiter, von hohen Buchen einer ehemaligen Windschutzhecke begleiteter Wirtschaftsweg zeigt streckenweise das geordnete Gefüge einer alten Steinpflasterung aus Schiefern und plattigen Sandsteinen. Der Weg führt aus Simmerath heraus in die Niederung des oberen Kalltals und weiter in Richtung des Hohen Venns. Auf ihm wurden früher Torf, Heu und Streu oder Holz aus dem Venn ins Dorf transportiert.

9. Stopp: Die Höckerlinie als Bauwerk

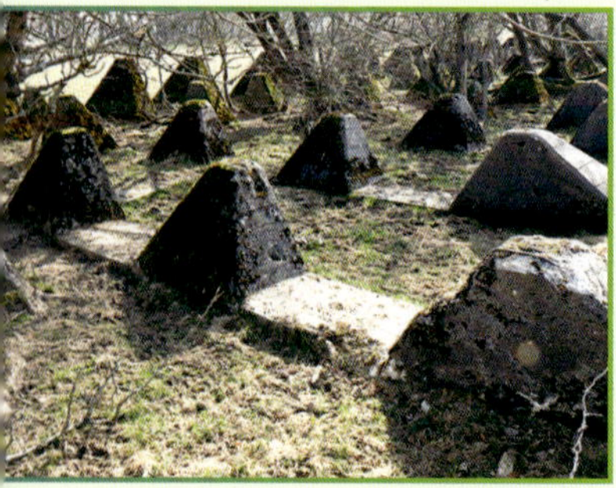

Wo der Höckerstreifen als Viehweide genutzt wird, ist sein sich immer wiederholendes Bauschema zu erkennen. Die einzelnen Höcker, auch „Drachenzähne" genannt, stehen auf längs und quer verlaufenden Fundamentstreifen. Ihre Höhe senkt sich zur Freundseite etwas ab. Nur die letzte Höckerreihe ist mit 1,5 Metern wieder etwas höher. Die Höcker wurden vor Ort in Beton gegossen. Wie die abgesägten Eisenpfähle in der Außenmauer zeigen, war diese zur Feindseite noch mit einem Stacheldrahtzaun bewehrt.

10. Stopp: Im Kransbruch

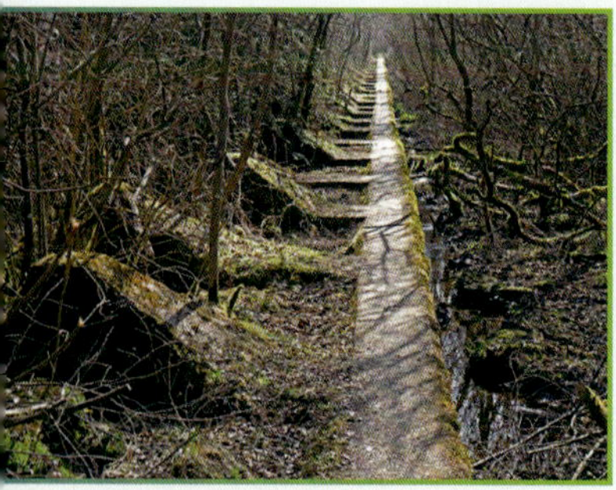

Vor dem südwestlichen Rand von Simmerath verläuft die Höckerlinie quer durch das Naturschutzgebiet Kransbach-Kransbruchvenn. Vor der Mauer mit dem Westwallwanderweg stauen sich von Osten her zwei Quellbäche des Kranzbachs. Die hier hauptsächlich wachsenden Erlen und Mohr- und Öhrchen-Weiden bilden beiderseits der Mauer einen undurchdringlichen Bruch- und Sumpfwald. Die Höckerlinie ist weitgehend unter Gestrüpp und Altholz verborgen. Pflanzen und Tiere stehen hier unter strengem Naturschutz.

Thema: Naturschutz in der Rureifel

11. Stopp: Das Heck-Kreuz

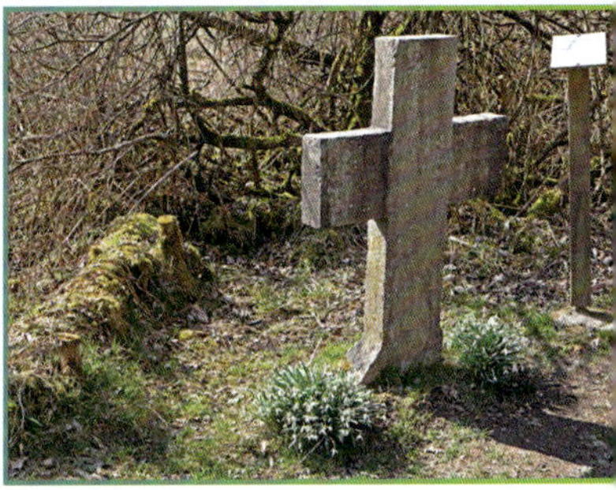

Ein Kreuz und eine Gedenktafel erinnern an einen Bauern namens Jakob Heck aus Eicherscheid, der hier vor 200 Jahren beim Einsammeln von Heidekraut als Viehstreu vom Blitz erschlagen wurde.

12. Stopp: Das Naturschutzgebiet Kransbach

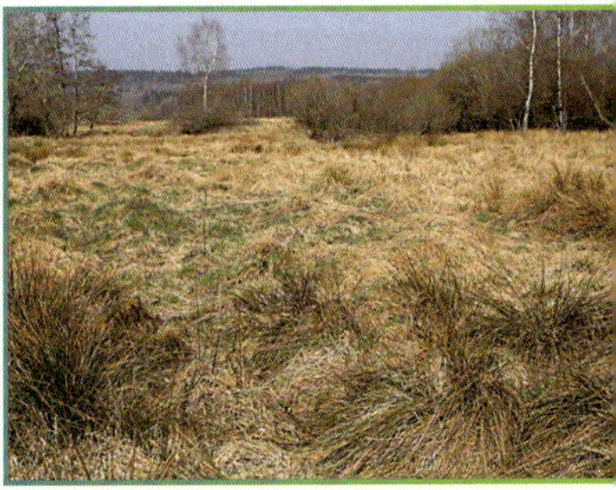

Früher bestand hier im Einzugsgebiet des Kransbachs und seiner Nebenbäche eine ursprüngliche Venn- und Moorwaldlandschaft, umgeben von Viehweiden und Mähwiesen. Später, im 19. Jahrhundert, wurden hier Drainagegräben gezogen und Fichten gepflanzt. Heute wird wieder Wert gelegt auf Sümpfe und Riede, Moore, Zwergstrauch-, Ginster- und Wacholderheiden, Borstgrasrasen, Nass- und Feuchtgrünland, naturnahe und unverbaute Bachabschnitte, Bruch- und Sumpfwälder.

Thema: Naturschutz in der Rureifel

13. Stopp: Biberspuren

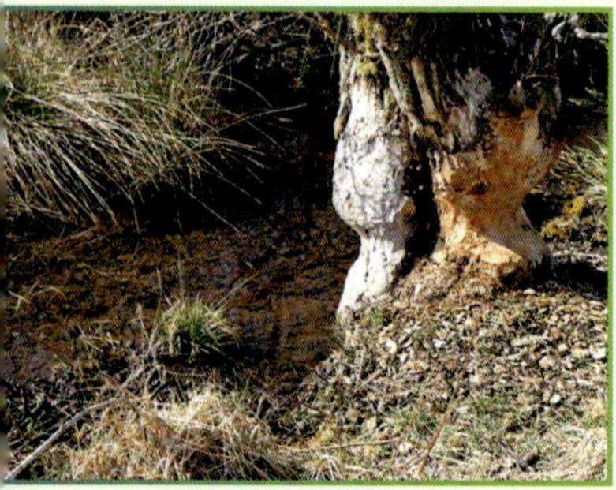

Frisch geraspelte und auch gefällte Baumstämme zeigen, dass sich der Biber in dieser heute naturbelassenen, gewässerreichen Landschaft wieder angesiedelt hat. Seit über 60 Jahren ist er wieder in der Rureifel heimisch. Mit einer Kopf-Rumpf-Länge von 80 bis über 100 Zentimeter und einer Schwanzlänge von bis zu 35 Zentimeter gilt er als das größte Nagetier Europas. Durch das Fällen von Bäumen und Zusammentragen von Ästen bauen die Biber Dämme im Wasser, sodass Teiche und ganze Seen entstehen. Deren hoher Wasserstand bedeutet Schutz für den unter Wasser liegenden Eingang ihrer Wohnbauten.

14. Stopp: Aussicht „Hexenplatz"

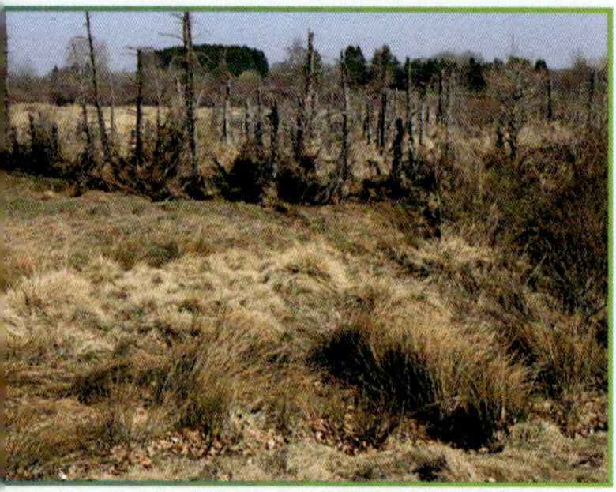

Am Hexenplatz kreuzten sich früher mehrere alte Wege: von Konzen nach Bickerath und von Simmerath und Eicherscheid ins Hohe Venn. Von hier aus hat man eine gute Aussicht auf das flache Muldental der oberen Kall. Unterlagert wird es von tonreichen Revin- und Salm-Schichten der Kambrium- und Ordovizium-Zeit. Entsprechend sind die Senken sumpfig und auch höher gelegene Flächen werden höchstens als Wiesenland genutzt. Früher gezogene Entwässerungsgräben sind heute wieder verfüllt und Fichtenanpflanzungen beseitigt oder sich selbst überlassen.

15. Stopp: Im Paustenbacher Venn

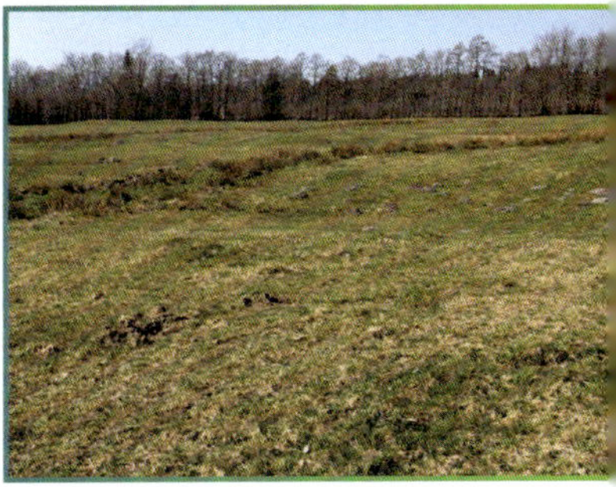

Im Anstieg zum Hohen Venn begünstigte der wasserundurchlässige Untergrund aus Revin-Schichten der Kambrium-Zeit ursprünglich eine flächendeckende Moor- und Heidebildung. Das Moor wurde zur Torfgewinnung und die Heide für den Vieheintrieb und zur Heuernte genutzt. Erst in den 1930er-Jahren begann man, dieses „Paustenbacher Venn" systematisch zu entwässern und als Grünland zu nutzen. Das unregelmäßige Relief der Wiesen ist auf eiszeitliche Kriechbewegungen der Verwitterungslehme über den kambrischen Tonschiefern zurückzuführen.

16. Stopp: Heidemoorregeneration

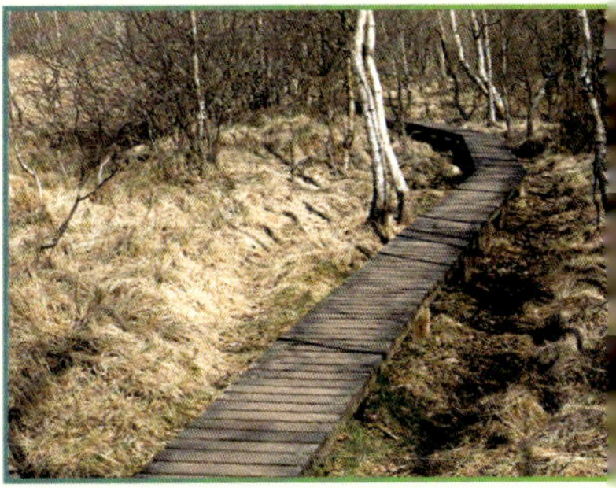

Zwischen dem Fußpfad und der Vennbahntrasse wurde seit Anfang der 1990er-Jahre ein schmaler Streifen des trockengelegten Paustenbacher Venns systematisch renaturiert. Dazu wurde der Oberboden abgetragen und eine Wiedervernässung vorgenommen. Heute findet man hier wieder Relikte einer Moorheideflora mit Glockenheide, Moorlilien, englischem Ginster und Torfmoosen. Auch die Tierwelt hat von der Wiederentstehung mehrerer Moortümpel profitiert.

Thema: Naturschutz in der Rureifel

17. Stopp: Paustenbacher Flurhecken

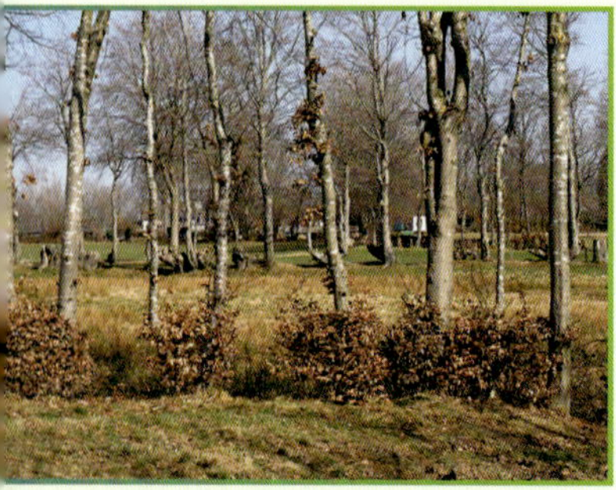

Rund um das Dorf Paustenbach ist das durch Rodung gewonnene ehemalige Ackerland noch heute durch ein Netz alter Flurhecken unterteilt. Diese Hecken markierten Besitzgrenzen und schützten die Felder vor Viehverbiss. Sie wurden ursprünglich ein bis zwei Meter hoch beschnitten. In regelmäßigen Abständen blieben aber Einzelstämme, sogenannte Durchwachser, stehen, die von Zeit zu Zeit als Brennholz „geerntet" wurden. Wegen der robusten Schnittverträglichkeit der Rotbuchen nahmen die Stümpfe solcher Durchwachser im Laufe der Zeit oft skurrile Formen an.

18. Stopp: Zeitzeugen aus Beton

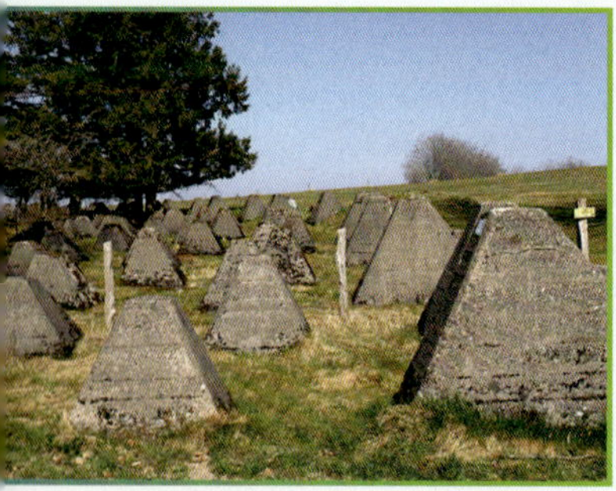

Mitte September 1944 war die Höckerlinie zwischen Paustenbach und Lammersdorf kein wirkliches Hindernis mehr für den Durchbruch der amerikanischen Truppen. Eher war es das pausenlose Artilleriefeuer der Verteidiger von der Paustenbacher Höhe her, das ihr rasches Vordringen verzögerte. Die Bunker auf der Paustenbacher Höhe wurden in der Nachkriegszeit gesprengt und mit Erde zugeschüttet. Die Panzersperren blieben als „Zeitzeugen aus Beton" für die Nachwelt erhalten. Sie sind heute als Baudenkmal in der Denkmalliste von Simmerath aufgeführt.

19. Stopp: Ein Friedenskreuz

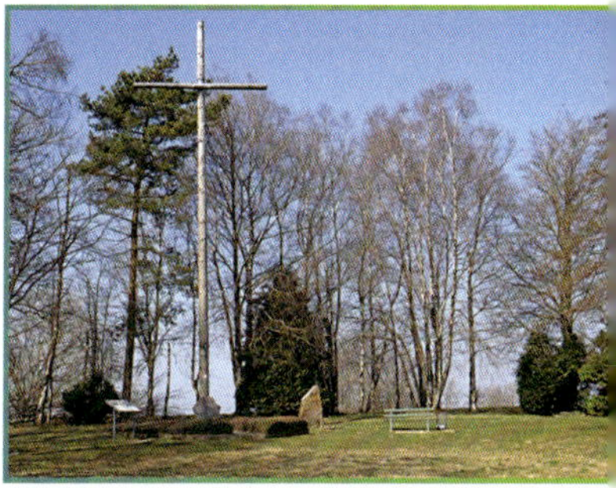

Zum Gedenken an die Kämpfe um die Paustenbacher Höhe im September 1944, bei der viele amerikanische und deutsche Soldaten ihr Leben verloren, errichteten Gemeindemitglieder der katholischen Pfarre Simmerath 1947 hier ein weithin sichtbares „Friedenskreuz" aus Holz. Dieses Mahnmal für den Frieden, das in Karten und Wanderführern auch als „Eifelkreuz" bezeichnet wird, wurde inzwischen mehrfach erneuert. Seit 1948 führt auch ein Kreuzweg mit 14 Stationen vom Simmerather Friedhof auf die Paustenbacher Höhe.

20. Stopp: Steinsetzungen?

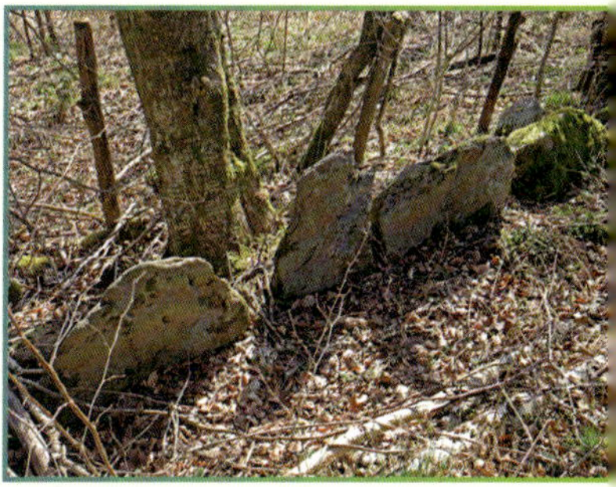

Solche Reihen von aufgerichteten Gesteinsplatten vom Typ der Arkose-Sandsteine in der nahe gelegenen Auelt (vgl. 2. Stopp dieser Wanderung) sind auch an vielen anderen Stellen weiter unterhalb im Kalltal zu beobachten. Sie gaben gelegentlich Anlass zu Spekulationen über „Steinsetzungen" und Kultstätten aus keltischer oder noch älterer Zeit. Das ist Unsinn! Es handelt sich um Bruchstücke besonders harter Sandsteinbänke im Untergrund der Paustenbacher Höhe, die die Bauern von den Feldern gesammelt und als Parzellenbegrenzungen aufgestellt haben.

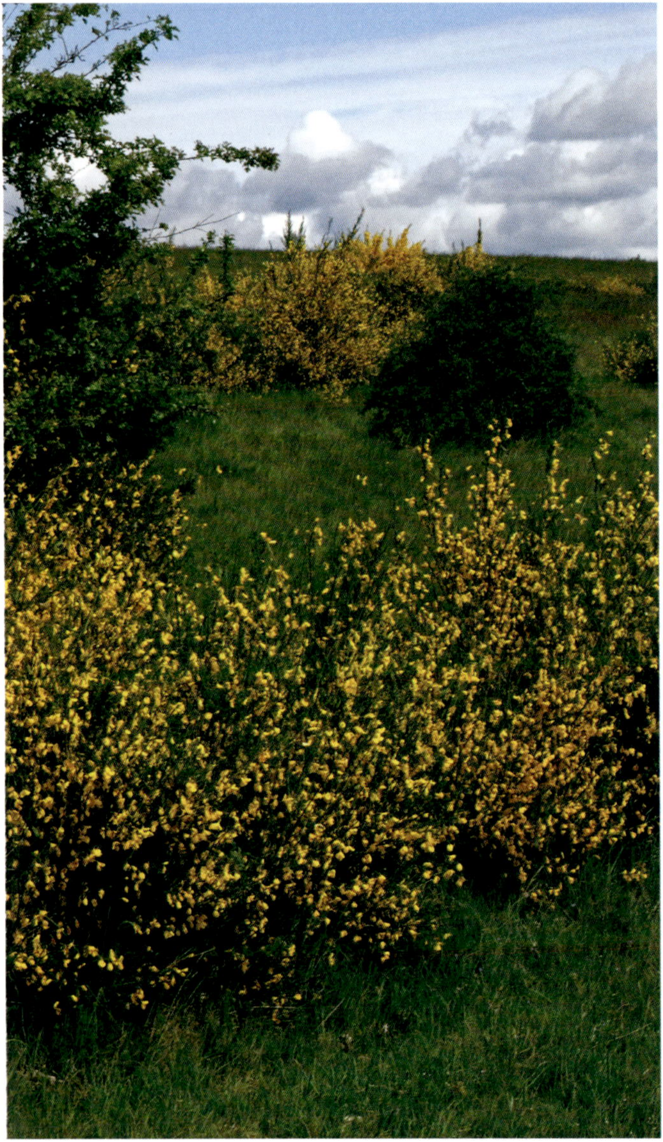

Route 4: Rundwanderung im Nationalpark Eifel (Dreiborner Höhe und Urfttal)

Start und Ziel: Parkplatz „Walberhof" an der B 266 zwischen Einruhr und Morsbach

Dauer: circa fünf Stunden

Länge der Wanderstrecke: circa 16 Kilometer

Höhenunterschiede: 215 Meter

Anfahrt mit öffentlichen Verkehrsmitteln: Haltestelle Morsbach Vogelsang I P Walberhof (B 266), Schleiden (von dort circa 100 Meter Fußweg neben der B 266 in Richtung Kreisverkehr zum Parkplatz Walberhof)

Fahrplanauskunft: www.aseag.de/fahrplan/fahrplanauskunft/

Parkmöglichkeit: Parkplatz „Walberhof" an der B 266 zwischen Einruhr und Morsbach

Streckenverlauf:
Ein erster Abschnitt der Wanderstrecke verläuft über die östliche Dreiborner Hochfläche zur Wüstung Wollseifen und von dort weiter in Richtung Urfttalsperre. Nach dem Abstieg ins Urfttal quert der Weg die Sperrmauer der Talsperre und folgt dem Uferweg des Urftsees in südlicher Richtung bis zur Victor-Neels-Brücke.

Jenseits der Brücke geht es steil bergauf zur Burg Vogelsang, einer ehemaligen nationalsozialistischen „Ordensburg", heute Informationszentrum im Nationalpark Eifel. Der Wanderweg quert dann noch das tief eingeschnittene Morsbachtal in Richtung Modenhübel (Bei Nässe ist der Weg stark rutschig!) und führt dann zurück zum Walberhof auf der Dreiborner Hochfläche.

GPX-Daten zur Route 4

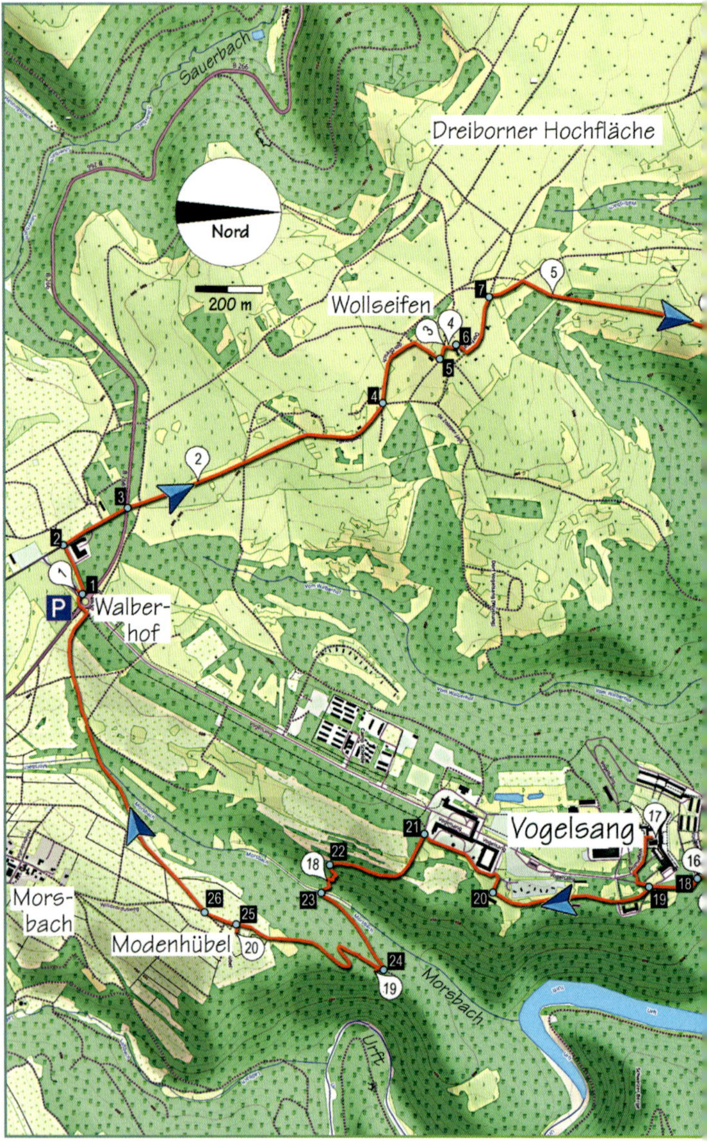
Sauerbach
Dreiborner Hochfläche
Nord
200 m
Wollseifen
Walber-
hof
Vogelsang
Mors-
bach
Modenhübel
Morsbach
Urft
1
2
3
4
5
6
7
16
17
18
19
20
21
22
23
24
25
26

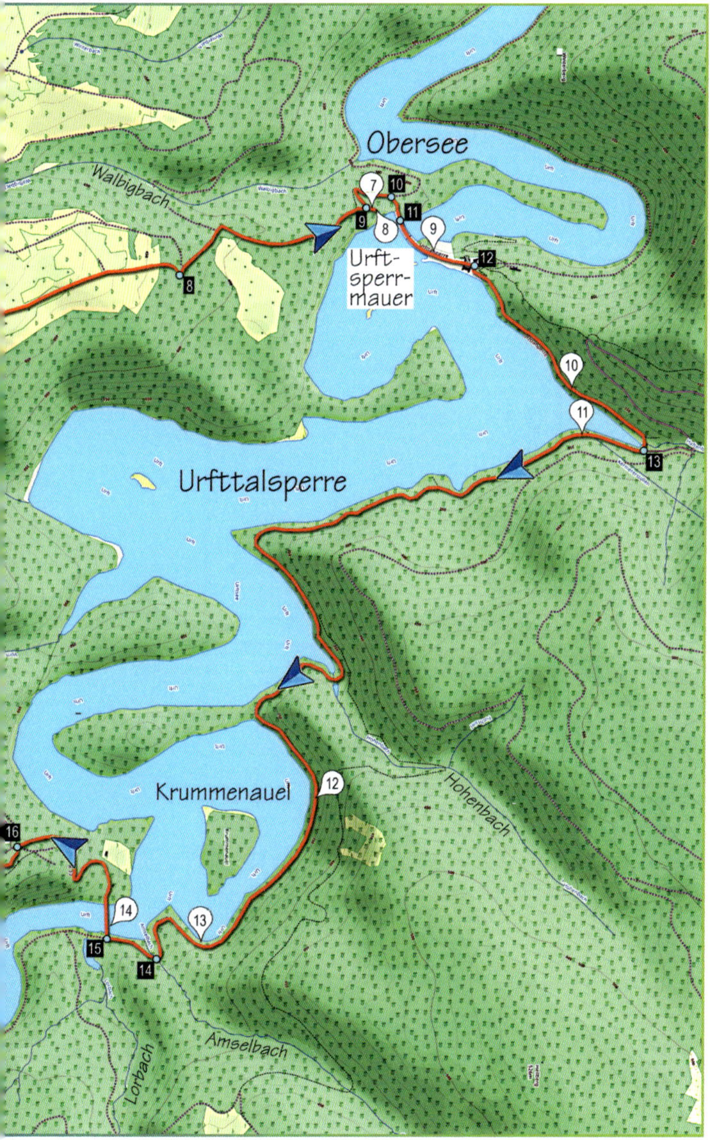
Obersee
Walbigbach
Urft-
sperr-
mauer
Urfttalsperre
Krummenauel
Hohenbach
Amselbach
Lorbach
7
8
9
10
11
12
13
14
15
16

Wegweiser

1	Vom Parkplatz aus vor dem Kreisverkehr einer Betonpiste nach links folgen.
2	Nach einer Lagerhalle rechts abbiegen und bis zur Straße B 288 gehen.
3	Die Straße queren und einem Fußweg und dann Schotterweg geradeaus in Richtung Wollseifen folgen.
4	Sich an der Weggabelung links halten und auf dem Schotterweg im Bogen bis in das ehemalige Dorf Wollseifen gehen.
5	Von der Wegkreuzung aus nach links aufwärts und direkt anschließend nach rechts zum Kirchplatz gehen.
6	An der Kirche vorbei nach rechts abwärts gehen und dann der ehemaligen Dorfstraße nach links folgen.
7	An einer Wegkreuzung nach rechts in Richtung Urftstaumauer abbiegen.
8	Am Ende einer längeren Wegstrecke scharf links abbiegen und einem Fahrweg abwärts folgen.
9	Nach einem Abstecher zu einem Rast- und Aussichtsplatz links weiter steil abwärts gehen.
10	An einer Infotafel nach rechts einem Fußweg aufwärts bis zur Mauerkrone der Urfttalsperre folgen.
11	Auf der Mauerkrone weiter in Richtung Infotafeln und Gastronomie gehen.
12	Dem Urftuferweg nach rechts folgen.
13	Von der Bushaltestelle aus für eine längere Strecke dem Urftuferweg nach rechts weiter folgen.
14	Nach rechts auf dem Urftuferweg weitergehen.
15	Nach rechts die Urft über die Victor-Neels-Brücke queren und auf einer Teerstraße steil aufwärts gehen (16 Prozent Steigung!).
16	Gegenüber dem Abzweig der Teerstraße zum Schwimmbad der Ordensburg nach links auf einen Waldweg abbiegen und parallel zur Teerstraße weiter aufwärts gehen.

Wegweiser

17	Kurz vor Wiedereinmündung des Waldwegs in die Teerstraße zuerst links und dann rechts aufwärts zum „Sonnenwendplatz" der Ordensburg gehen.
18	Vom Ende des „Sonnenwendplatzes" aus auf der Teerstraße weiter aufwärts gehen.
19	An der Abzweigung zum Turm Vogelsang geradeaus und dann rechts einen Abstecher zum „Adlerhof" einfügen und nach der Rückkehr von dort in eine Teerstraße halb links einbiegen und dieser folgen.
20	Auf der Teerstraße nach rechts und gleich wieder links gehen.
21	Nach dem letzten Kasernengebäude der Ordensburg an einer Infotafel links in Richtung Morsbach abbiegen und einem Fußweg durch das Morsbachtal folgen.
22	Ab hier verläuft der Fußweg im Zickzack steil abwärts (Vorsicht bei Nässe!).
23	Vom Taltiefsten aus dem Weg nach links aufwärts folgen.
24	Scharf rechts abbiegen und im Zickzack bis auf die Höhe des Modenhübels gehen.
25	Nach einem Abstecher zum Eifelblick „Modenhübel" weiter in Richtung Morsbach gehen.
26	Rechts auf einen Wirtschaftsweg abbiegen und diesem immer geradeaus bis zum Kreisverkehr der B 266 vor dem Walberhof folgen.

1. Stopp: Am ehemaligen Walberhof

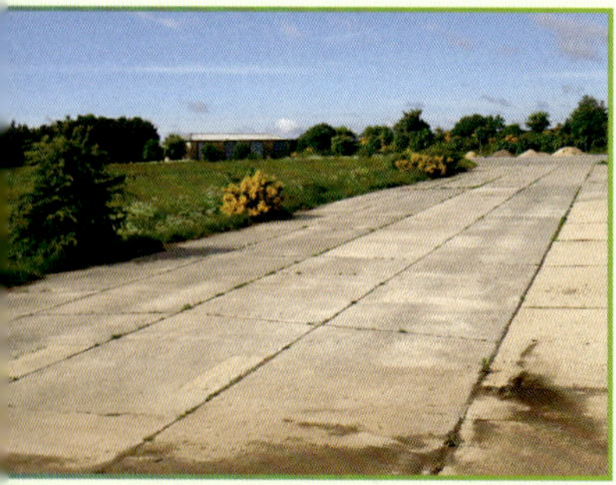

Auf der Dreiborner Hochfläche war der Walberhof im Hochmittelalter eine der ersten Rodungssiedlungen. Heute sind von der ehemaligen Hofanlage nur noch wenige Mauerreste erhalten. Zuerst gehörte der Hof zum karolingischen Königsgut Konzen und dann zum Kloster Steinfeld. Später verlor er an Bedeutung. Um 1800 ging die Hofanlage in private Hände über. Mit Einrichtung der NS-Ordensburg Vogelsang 1939 entstand auf dem Gelände ein Flugplatz.

2. Stopp: Der Truppenübungsplatz Vogelsang

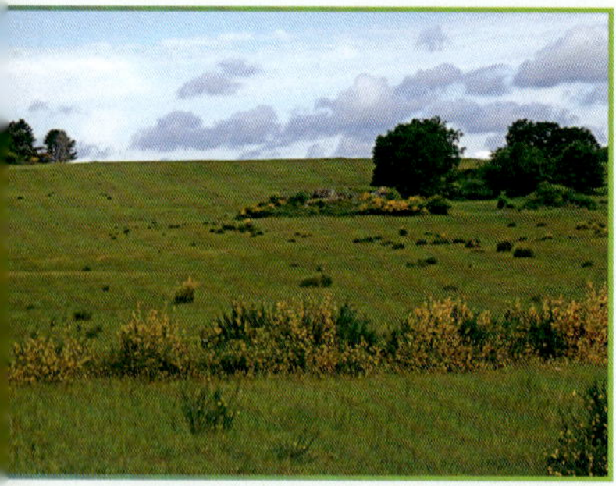

Die Anfänge des Truppenübungsplatzes Vogelsang reichen bis in den Zweiten Weltkrieg zurück. Schon zwischen 1940 und 1944 waren in der NS-Ordensburg deutsche Soldaten stationiert. Nach Kriegsende erklärte die britische Militärregierung hier ein 43 Quadratkilometer großes Areal zum militärischen Übungsgebiet und evakuierte das auf der Hochfläche liegende Dorf Wollseifen und die Höfe von Jägersweiler westlich von Einruhr. Am 1. April 1950 ging der Truppenübungsplatz an das belgische Militär über, das ihn bis 2006 nutzte.

3. Stopp: Die Wüstung Wollseifen

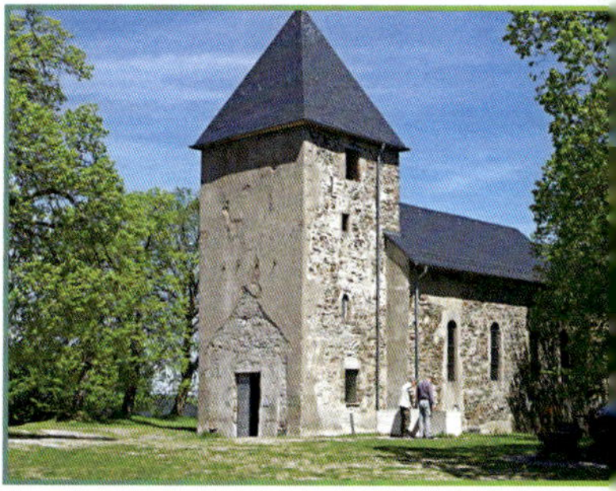

Nach den starken Zerstörungen des Dorfes am Ende des Zweiten Weltkrieges und dem Beginn seines Wiederaufbaus 1945 mussten die 650 Bewohner von Wollseifen im August 1946 auf Befehl der britischen Militärregierung ihr Dorf vollständig räumen, weil es mitten in dem geplanten Truppenübungsplatz Vogelsang lag. Kirche und Häuser waren bald zerschossen. Nach der Übernahme der Trümmerlandschaft durch den Nationalpark Eifel 2006 konnten nur noch die Außenmauern der Kirche, der Schule und eines Transformatorenhäuschens als Erinnerung gesichert werden.

4. Stopp: Das frühere Dorf Wollseifen

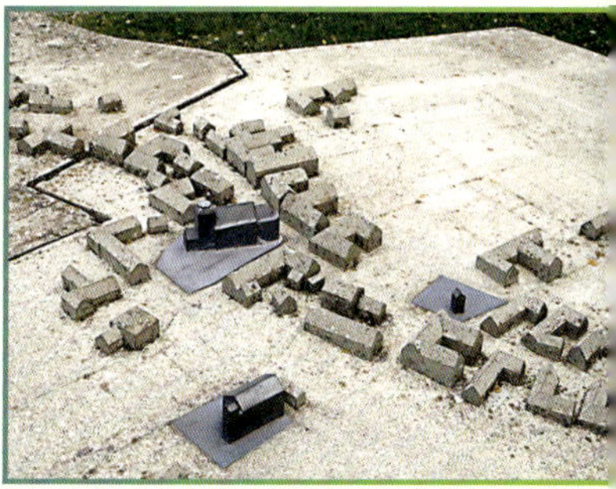

Heute zeigt ein Dorfmodell vor der Kirche die frühere Lage der Wollseifener Häuser, Straßen und Gärten. Der bevorzugte Haustyp war der Eifeler Winkelhof. Wollseifen entstand im 12. Jahrhundert als Rodungssiedlung. Im 17. Jahrhundert wurde seine Kirche St. Rochus zur Pfarrkirche erhoben. Bis in das 20. Jahrhundert hinein lebten die Dorfbewohner bescheiden von Ackerbau, Schafzucht, Holzfällerei und Köhlerei. Um 1900 brachte der Bau der Urfttalsperre und in den 1930er-Jahren der Bau der NS-Ordensburg Vogelsang einen deutlichen wirtschaftlichen Fortschritt.

5. Stopp: Offenland auf der Hochfläche

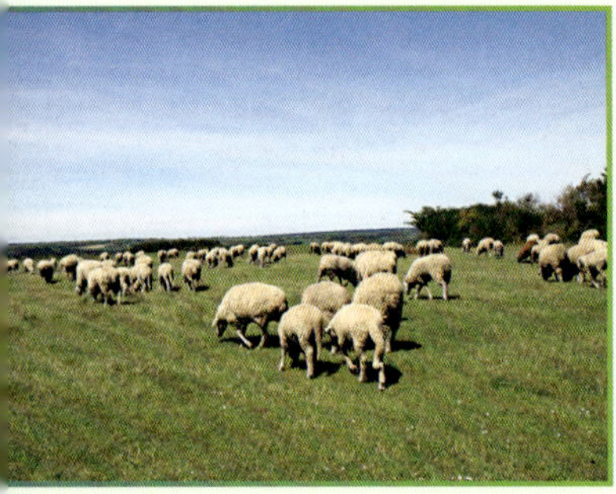

Wollseifen war ursprünglich von Äckern und Wiesenland umgeben. Auch während der Zeit des militärischen Übungsbetriebs wurde die Hochfläche durch Mähen und Schafbeweidung strauchfrei gehalten. Damit das so bleibt, hat die Nationalparkverwaltung wandernde Schafherden für die Grünlandpflege eingesetzt.

6. Stopp: Blick auf den Kermeter

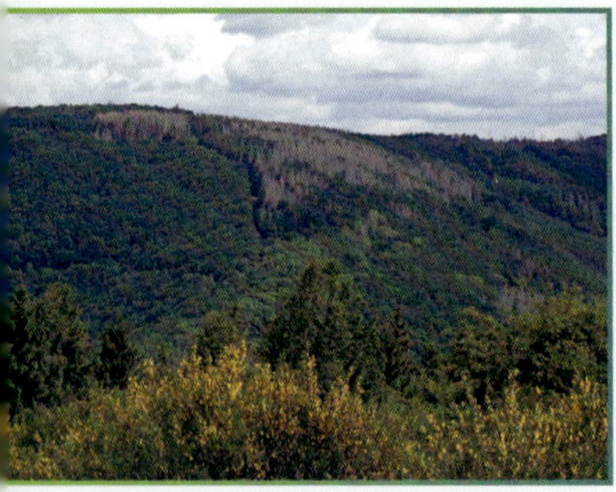

Der Kermeter ist ein etwa 33 Quadratkilometer großes, geschlossenes Hochwaldgebiet inmitten des heutigen Nationalparks Eifel. Im Norden dominieren Buchenwälder mit stellenweise über 200 Jahre alten Bäumen. Im Süden sind Eichenwälder vorherrschend. Fast die Hälfte des Waldgebiets wird heute aber noch von Fichten, Kiefern und Douglasien aus Aufforstungsmaßnahmen nach dem Zweiten Weltkrieg eingenommen. Ziel der Nationalparkverwaltung ist es, diese Nadelhölzer zugunsten der Laubwälder zu reduzieren.

Thema: Naturschutz in der Rureifel

7. Stopp: Flussschotter über dem Urftsee

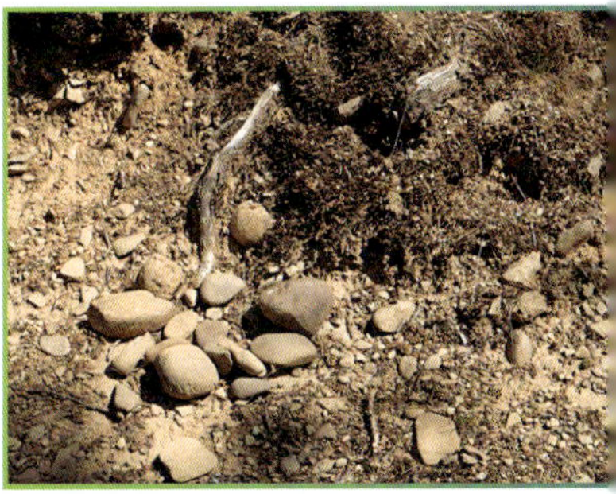

Im Zugang zu einem Rastplatz mit Aussicht auf den Urftsee treten in der Wegböschung gut gerundete Quarz- und Sandsteingerölle in Kieskorngröße zutage. Hier handelt es sich um Flusskies, der vor mehr als 300.000 Jahren in diesem hoch liegenden Mittelterrassenniveau abgelagert wurde. Seither hat die Urft ihr enges Tal wegen der fortdauernden Eifelhebung um über 100 Meter weiter vertiefen können.

Thema: Die Hochflächen und Täler in der Rureifel

8. Stopp: Die Urfttalsperre

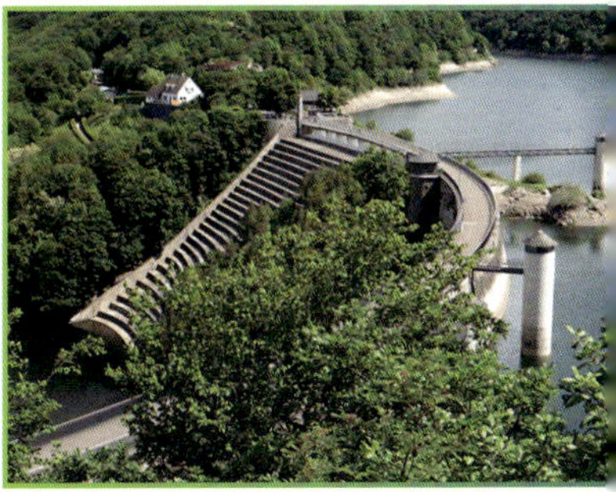

Die Urfttalsperre gilt heute als kleine Talsperre. Bei Vollstau ist sie 12 Kilometer lang und besitzt ein Stauvolumen von 45 Millionen Kubikmeter. Ihre 54 Meter hohe, leicht gebogene Schwergewichtsmauer gründet rund fünf Meter tief in Sandsteinen und Tonschiefern der Oberen Rurberg-Schichten. Erbaut wurde die Talsperre zwischen 1903 und 1905 von dem Aachener Wasserbauer Professor Otto Intze. Die Talsperre dient sowohl dem Hochwasserschutz bzw. der Ergänzung des Rurwasserspiegels bei Niedrigwasser als auch der Gewinnung von elektrischer Energie im Kraftwerk Heimbach (vgl. 11. Stopp).

9. Stopp: Jenseits der Staumauer

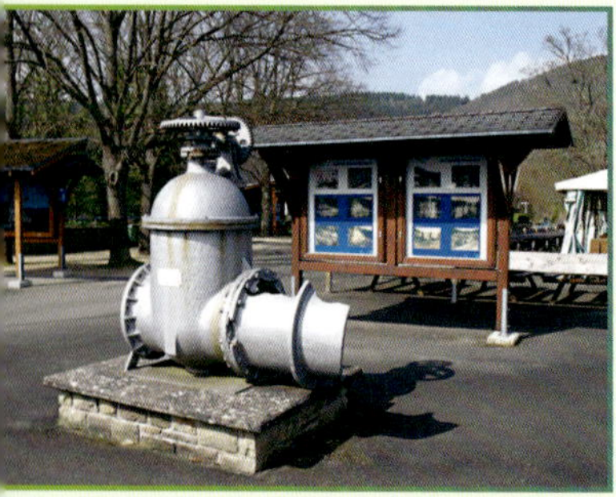

Zwischen der Staumauer und einem Restaurant informieren Schautafeln und Bauteile ausführlich über die Baugeschichte und das Konstruktionsprinzip des Sperrwerks. Wie um die Jahrhundertwende üblich, ist die Urftsperrmauer als Gewichtsstaumauer gebaut. Das heißt, ihre Standsicherheit beruht allein auf ihrem Gewicht. Um dieses zu erhöhen, fügte Professor Intze im unteren Bereich der Wasserseite noch einen sogenannten „Intze-Keil" hinzu, eine Anschüttung aus Lehm, die bei hohem Wasserstand den Auftrieb mindern sollte.

10. Stopp: Felsböschungen am Uferweg

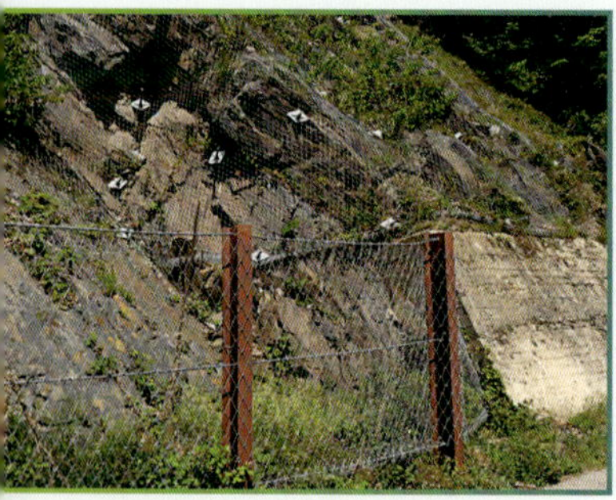

Entlang dem nördlichen Ufer der Talsperre sind in den teilweise hohen Felsböschungen Sandsteine und Tonschiefer der Oberen Rurberg-Schichten aufgeschlossen. Aus der wechselnden Neigung der Sandsteinbänke rekonstruieren die Geologen einen gegen Nordwesten verkippten Faltenbau. Heute sind vor besonders durch Felssturz oder Hangrutsch gefährdeten Felsböschungen Felsanker, Betonplomben oder Stahlnetze und Fangzäune angebracht.

Thema: Die geologische Schichtenfolge der Rureifel

11. Stopp: Das Schieberhaus des Kermeterstollens

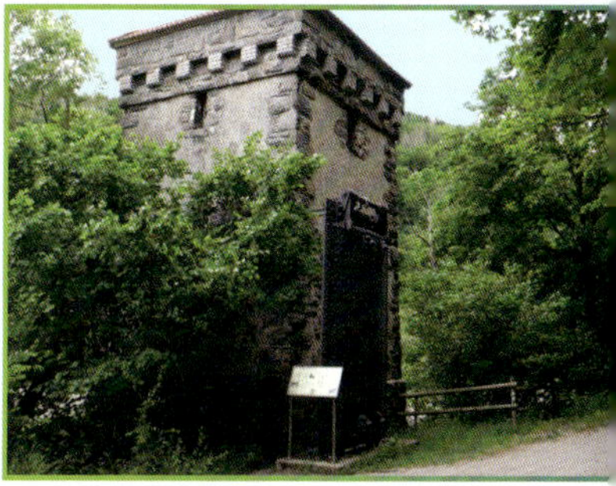

Der Kermeterstollen ist ein etwa 2,7 Kilometer langer Druckstollen, der Talsperrenwasser aus dem Urftstausee unter dem Kermeter hindurch zum Kraftwerk Heimbach im Rurtal umleitet. Bei Vollstau besteht zwischen dem Wasserspiegel der Talsperre und den Turbinen des Kraftwerks 110 Meter Höhenunterschied. Im Schieberhaus war früher der hier ausgestellte 7.000 Kilogramm schwere Absperrschieber eingebaut, mit dem der Stollen zum Urftstausee hin verschlossen werden konnte. Er wurde inzwischen durch einen moderneren Schieber ersetzt.

12. Stopp: Die Ordensburg Vogelsang

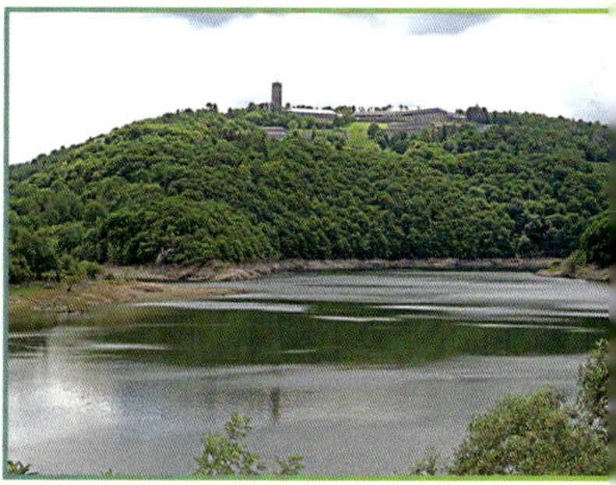

Auf der Kante der Dreiborner Hochfläche zum Urfttal hin liegt die frühere NS-Ordensburg Vogelsang. Von 1934 an entstanden hier in einer knapp dreijährigen Bauzeit Unterkünfte, Versorgungs-, Sport- und Unterrichtsräume für die Ausbildung von bis zu 500 Parteifunktionären der NSDAP Hitlers. Die meisten Bauwerke dieser weitläufig in die Landschaft eingebundenen Monumentalarchitektur sind heute noch erhalten. Der Urftsee darunter ist heute Brut- und Jagdgebiet für verschiedene Vogelarten, wie z. B. Graureiher, Kormoran und Milan.

13. Stopp: Eine zerschossene Felswand

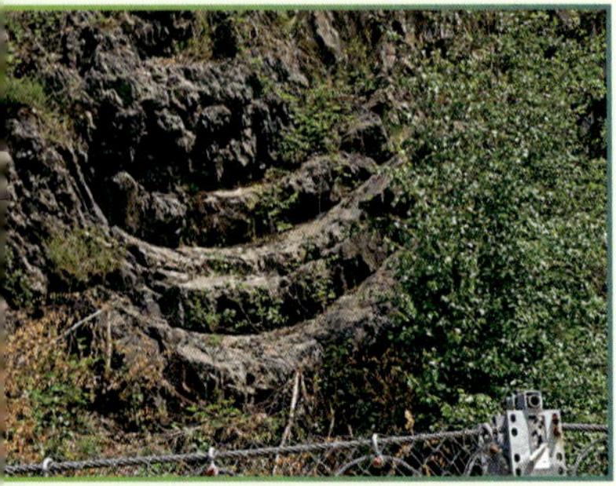

In Höhe der Insel Krummenauel sind die Schiefer- und Sandsteinbänke der Rurberg-Schichten durch Übungsbeschuss während der Zeit des Truppenübungsplatzes stark zerschossen. Die Farbe der Tonschiefer ist tiefschwarz. In einzelnen Sandsteinbänken sind die Querklüfte sehr auffällig mit weißem Milchquarz gefüllt. Nach dem Verlauf solcher Bänke lassen sich ein enger Faltenbau und auch dessen Unterbrechungen durch Verwerfungen rekonstruieren.

Thema: Die geologische Schichtenfolge der Rureifel
Thema: Faltung und Schieferung in der Rureifel

14. Stopp: Die Victor-Neels-Brücke

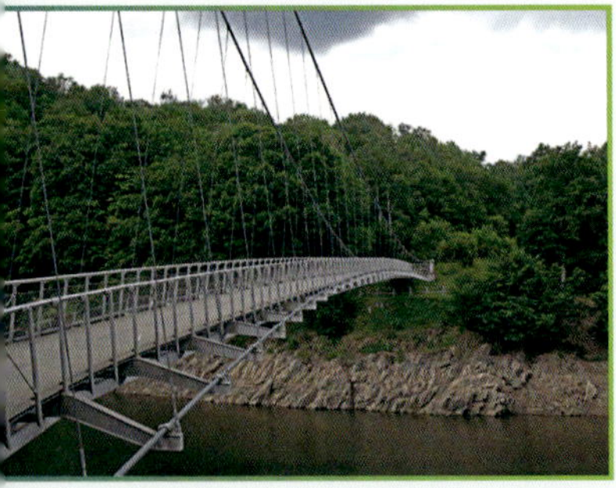

Vor dem Zweiten Weltkrieg bestand hier im Bereich der Mündung des Lorbachs in den Urftsee eine Fährverbindung. Nach Ende des Zweiten Weltkriegs und nach Schließung des belgischen Truppenübungsplatzes 2006 gab es wieder Bedarf an einer direkten Verbindung zwischen dem Ostufer des Urftsees mit dem Rad- und Wanderweg und der ehemaligen Ordensburg Vogelsang. Im Jahr 2009 wurde deshalb diese Hängebrücke gebaut. Victor Neels, nach dem die Brücke benannt ist, war zwischen 1970 und 1980 Kommandant des belgischen Truppenübungsplatzes Vogelsang.

15. Stopp: Der „Fackelträger"

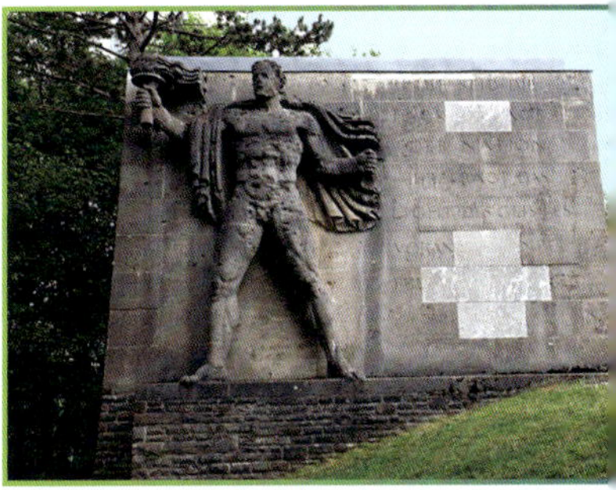

Auf einem steinernen Block ist das monumentale Relief eines überlebensgroßen, nackten „Fackelträgers" angebracht. Auf den Platten darum herum ist noch die Inschrift zu erkennen: „Ihr seid die Fackelträger der Nation. Ihr tragt das Licht des Geistes voran im Kampfe für Adolf Hitler". In diesem Zitat kommt die Aufgabe, die den in der Ordensburg geschulten „Junkern" zugedacht war, wohl am klarsten und eindeutigsten zum Ausdruck. Durch die Besatzungstruppen wurden später der Name Hitlers und auch das darunter eingemeißelte Hakenkreuz entfernt.

16. Stopp: „Kameradschaftshäuser"

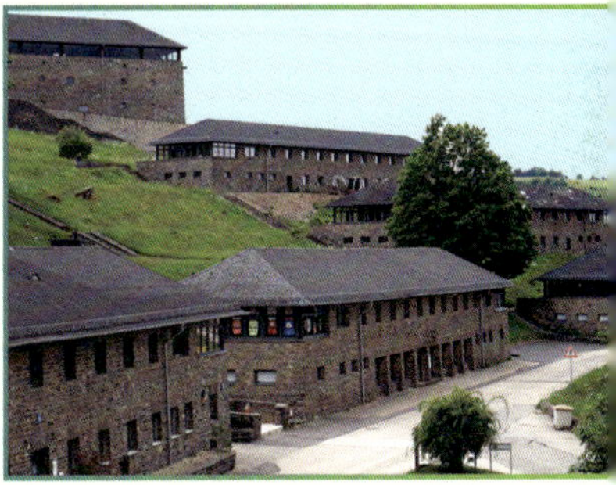

Auf dem zum Urftsee abfallenden Hang sind die Unterkunftshäuser, sogenannte „Kameradschaftshäuser", der ehemaligen NS-Ordensburg verteilt. Um der damaligen Forderung nach bodenständigem Bauen und handwerklicher Tradition zu genügen, sind alle Mauern mit heimischen Bruchsteinen verblendet. Vorherrschend ist ein blaugrauer Sandstein der Monschauer Schichten (frühe Unterdevon-Zeit) aus Steinbrüchen am Perlenbach bei Monschau und ein rötlich-grauer Sandstein der Klerfer-Schichten (späte Unterdevon-Zeit) aus einem Steinbruch in Schleiden.

17. Stopp: Der „Adlerhof"

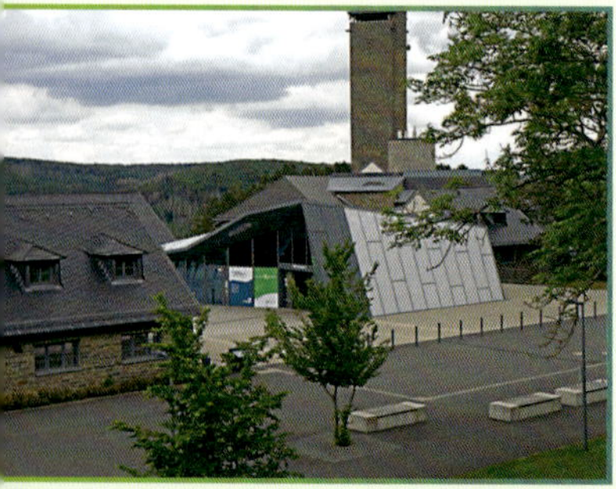

Zentraler Innenhof der ehemaligen Ordensburg und auch heutiges Zentrum der Anlage ist der „Adlerhof". Er war ursprünglich von allen Seiten von eingeschossigen Gebäuden mit Satteldächern umgeben. Damit hatte und hat er auch heute noch eine Verteilerfunktion für die angrenzenden Räume, Gebäudeflügel und Terrassen. Heute führt hier eine mit einem modernen Glasaufbau überdachte Treppe zu einem tiefer liegenden Besucherzentrum, dem „Forum Vogelsang IP" (IP – Internationaler Platz). Es ist als Informationszentrum und gleichzeitig als Gedenkort gestaltet.

18. Stopp: Im Morsbachtal

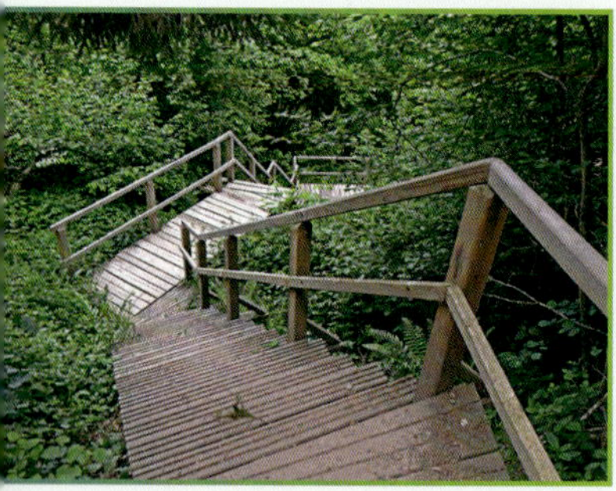

Das tief eingeschnittene Kerbtal des Morsbachs weist wie auch viele andere relativ kurze Nebentäler von der Dreiborner Hochfläche zur Urft besonders steile Talflanken auf. Der Grund ist ein besonders starkes Gefälle seiner Tiefenlinie, das eine seitliche Terrassenbildung nicht zuließ. Auf den steilen Talflanken wächst gewöhnlich nur Eichen-Buchen-Niederwald oder die Fichte. Die feuchteren tieferen Talbereiche sind aber auch stark mit Hasel und anderen Sträuchern verbuscht.

Thema: Die Hochflächen und Täler in der Rureifel

19. Stopp: Aussicht auf Gemünd

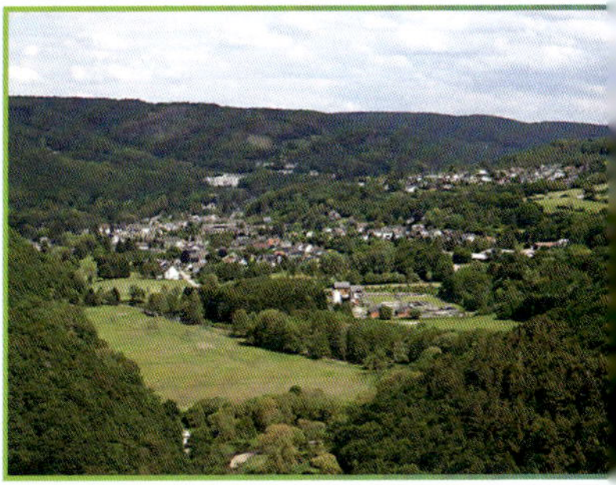

Von einer Felsklippe aus hat man eine weite Aussicht über das hier im Zusammenfluss von Olef und Urft verbreiterte Gemünder Tal. Die Geschichte von Gemünd als Brückenort reicht bis in das Hochmittelalter zurück. Im 17. und 18. Jahrhundert waren hier viele Mühlen und auch zahlreiche Eisenerzgruben und Hüttenwerke angesiedelt. Bis in die Mitte des 19. Jahrhunderts blieben die Schmelzöfen und Eisenhämmer bestehen und brachten dem Ort einigen Wohlstand. Heute ist Gemünd Kneippkurort mit einem gut ausgebauten Wanderwegenetz im und um den Nationalpark Eifel.

20. Stopp: Eifelblick „Modenhübel" bei Morsbach

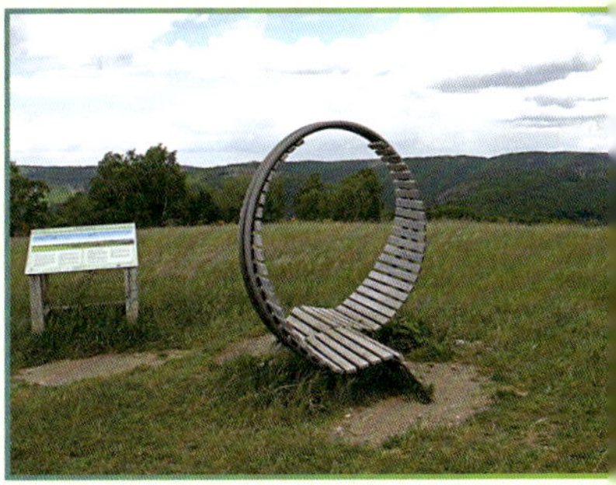

Eifelblicke sind besonders schöne Aussichtspunkte im Naturpark Nordeifel. Am Eifelblick „Modenhübel" eröffnet sich mit seiner Rundsicht ein besonders weites Panorama. Im Norden zeichnet sich das Tal der Urft ab. Dahinter erhebt sich der breite Höhenrücken des Kermeters, das Herzstück des Nationalparks Eifel. Im Osten erstreckt sich ein langer Waldrücken bis nach Gemünd. Im Süden und Südwesten ist die Hochfläche um die Orte Herhahn und Morsbach herum Wiesenland. Nur die Steilhänge der zum Urfttal entwässernden Nebentäler sind hier bewaldet.

Thema: Die Hochflächen und Täler in der Rureifel

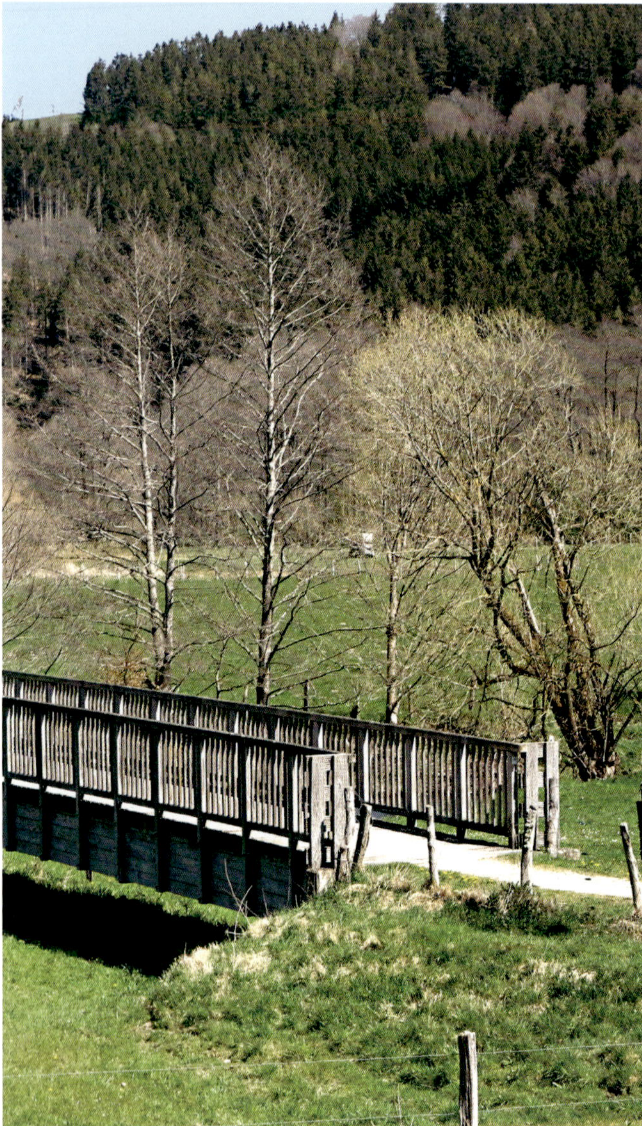

Route 5: Rundwanderung im Rurtal zwischen Einruhr und Dedenborn

Start und Ziel: Parkbuchten entlang der B 266 in Einruhr

Dauer: vier Stunden

Länge der Wanderstrecke: circa 13 Kilometer

Höhenunterschiede: 168 Meter

Anfahrt mit öffentlichen Verkehrsmitteln: Bushaltestelle „Einruhr-Simmerath" (von dort circa 150 Meter Fußweg über die Rurstraße und die B 266 zu den Parkplätzen)

Fahrplanauskunft: www.aseag.de/fahrplan/fahrplanauskunft/

Parkmöglichkeit: Parkbuchten entlang der B 266 bei Einruhr

Streckenverlauf:
Von Pleushütte am Ende des Obersees steigt der Weg auf zum Eifelblick „Schöne Aussicht" auf der Simmerather Hochfläche. Auch im weiteren Verlauf der Wanderung entlang dem Talhang hoch über der Rur sind die Ausblicke auf deren Flussmäander und das Dorf Dedenborn spektakulär.

Von der Mündung des Tiefenbachtals an geht es dann durch breite Wiesenauen weiter ruraufwärts bis kurz vor Hammer. Dort quert der Weg die Rur und steigt auf der südlichen Talseite wieder an in Richtung Dedenborn. Von Dedenborn aus verläuft er dann wieder auf halber Höhe zurück nach Einruhr, wieder mit großartigen Ausblicken über das Rurtal.

GPX-Daten zur Route 5

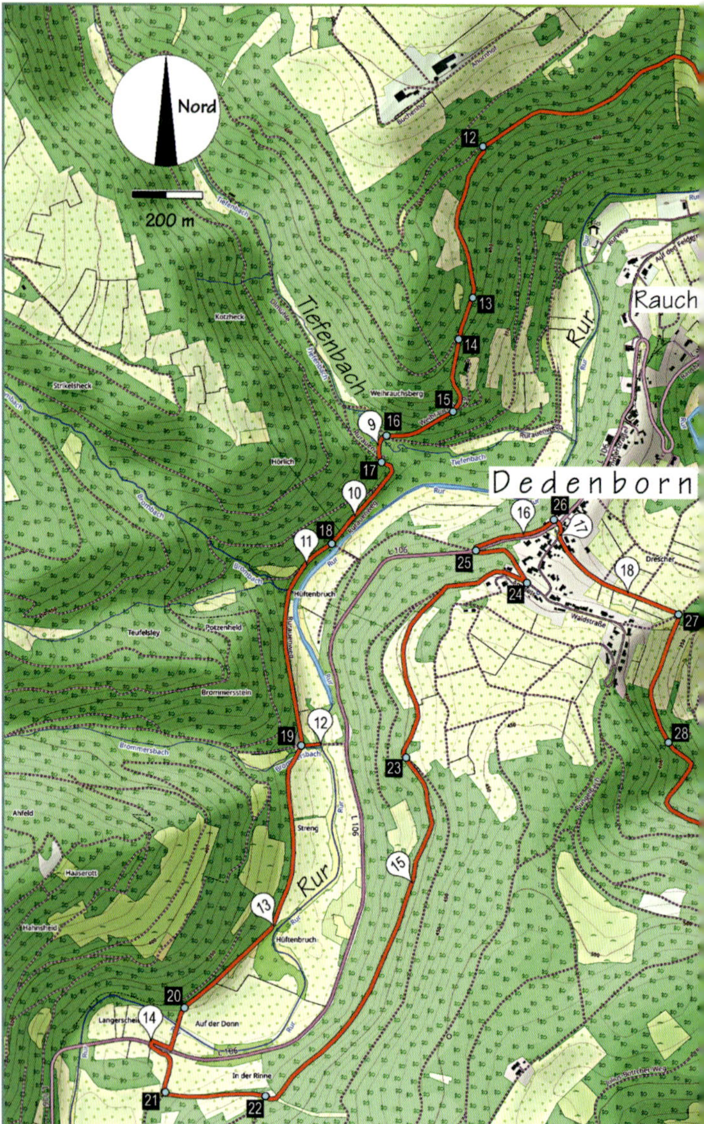
Nord
200 m
Tiefenbach
Rur
Rauch
Dedenborn
Kotzheck
Strikelsheck
Weihrauchsberg
Hörlich
Brombach
Hüftenbruch
Teufelsley
Potzenheld
Brommersstein
Brommersbach
Ahfeld
Streng
Haaserott
Hahnsheid
Langerscheid
Auf der Donn
In der Rinne
Waldstraße
Drescher
L 106

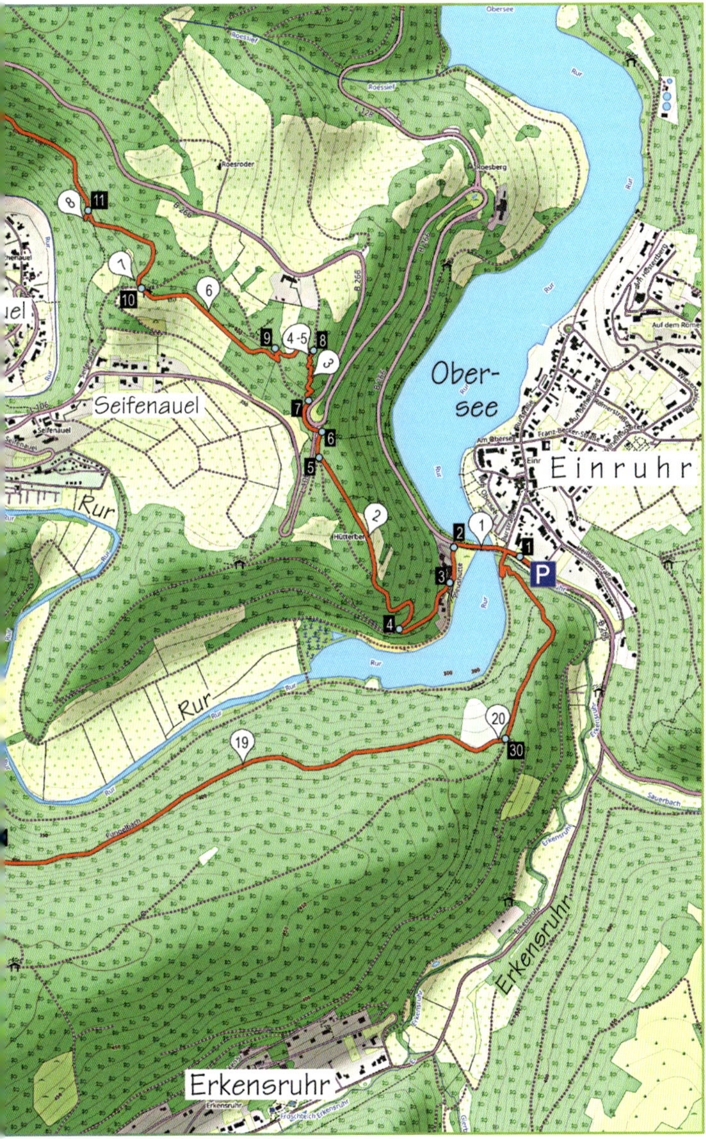
Obersee
Einruhr
Seifenauel
Erkensruhr
Rur
Erkensruhr
Roesroder
Roesberg
Hütterberg
P

Wegweiser

1	Auf der Bundesstraße 266 über die Rurbrücke nach Pleushütte gehen.
2	Nach links in den Ruruferweg einbiegen.
3	Am Rastplatz des Rurufer-Radwegs hinter den Häusern rechts aufwärts gehen.
4	Dem Schotterweg nach rechts aufwärts weiter folgen.
5	Sich rechts halten.
6	Vor der Haarnadelkurve der B 266 die Straße nach Dedenborn queren und hinter den Leitplanken einem Fußweg nach rechts bis zu seinem Ende folgen.
7	Den Wirtschaftsweg queren und einem Fußweg in steilen Zickzackkurven hangaufwärts folgen.
8	Nach einem Abstecher zum Aussichtspunkt „Schöne Aussicht", gleich hinter dem Hügel, links einem schmalen Fußpfad abwärts folgen.
9	Auf dem Wirtschaftsweg scharf nach links und dann gleich wieder scharf rechts abbiegen.
10	An der Schutzhütte geradeaus weitergehen.
11	Hinter einer Rechtskurve auf einem schmalen Fußpfad nach links einen Abstecher zu einem Aussichtspunkt machen; zurück zum Hauptweg und diesem weiter folgen.
12	Nach links in einen breiten Waldweg einbiegen.
13	An einer Weggabelung rechts aufwärts und dann wieder abwärts gehen.
14	Dem Hauptweg weiter geradeaus folgen.
15	Auf dem Fahrweg nach rechts weiter abwärts gehen.
16	Die Straße queren und auf einem Fußweg den Tiefenbach queren und weiter steil aufwärts bis zu einem Teerweg gehen.
17	Dem Teerweg nach links folgen.

Wegweiser

18	An der ersten Rurbrücke auf dem Ruruferweg weiter geradeaus gehen.
19	Einen Abstecher zur zweiten Rurbrücke machen und dann weiter geradeaus ruraufwärts gehen.
20	Auf der dritten Rurbrücke die Rur queren; an der Straße 50 Meter nach rechts gehen, dann die Straße queren und auf einem Wirtschaftsweg nach links aufwärts gehen.
21	Auf einem Querweg nach links weiter aufwärts gehen.
22	Dem Wirtschaftsweg weiter geradeaus folgen und eine längere Strecke im Wald weitergehen.
23	Weiter geradeaus gehen.
24	In Dedenborn nach dem ersten Haus in einen scharf links abzweigenden Fußweg abbiegen und diesem bis zur Landstraße abwärts folgen.
25	Auf der Landstraße nach rechts aufwärts bis zu den ersten Häusern von Dedenborn gehen.
26	Nach rechts in die Waldstraße und dann gleich wieder links abbiegen.
27	Rechts abbiegen und einem Wiesenweg bis in den Wald folgen.
28	Hinter dem Wendeplatz einem schmalen Fußweg geradeaus folgen.
29	Auf dem geschotterten Forstweg eine längere Strecke nach links gehen.
30	An der Wegkreuzung nach links abwärts bis zur B 266 in Einruhr und zu den Parkplätzen gehen.

1. Stopp: Pleushütte

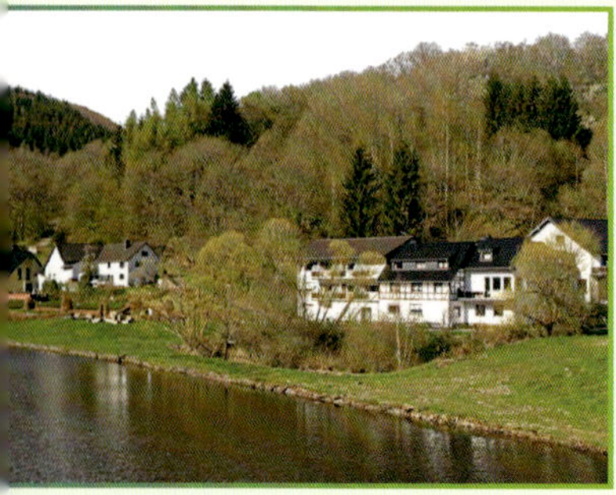

Die Häusergruppe am nördlichen Ufer des Obersees der Rurtalsperre ist der höher gelegene Rest einer ursprünglichen Siedlung Pleushütte links der Rur. Die Aufstockung der Rurtalsperre und die Erhöhung des Staudamms Paulushof hatten 1958 dazu geführt, dass der größte Teil des alten Ortes vom Obersee überflutet wurde. Der Name Pleushütte geht auf eine Eisenhütte zurück, die zwischen dem 15. und 18. Jahrhundert im damals noch weitgehend unbesiedelten Rurtal die Wasserkraft der Rur nutzte.

Thema: Talsperren in der Rureifel

2. Stopp: Ausblick auf Einruhr

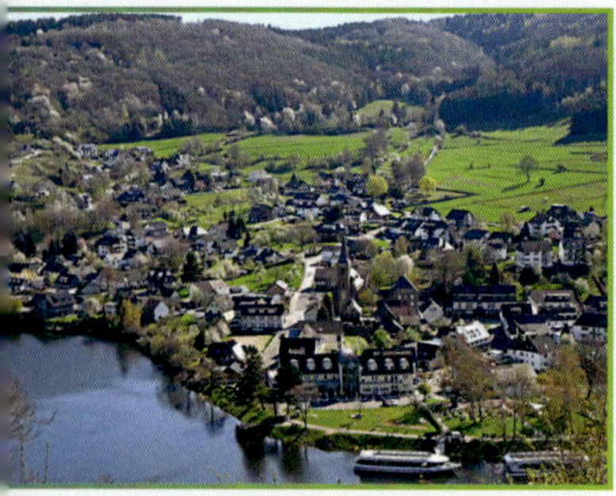

Auch die Bauernsiedlung Einruhr ist seit dem 15. Jahrhundert bekannt, als auf der anderen Seite der Rur die Pleushütte gegründet wurde. Beide Orte waren damals durch eine St. Niklaasbrücke (heute: Nikolaus-Brücke) verbunden. Verwaltungsmäßig gehörte Einruhr zur Herrschaft Schleiden, während Pleushütte zum Herzogtum Jülich gehörte. Auch im Dorf Einruhr mussten 1958 wegen der Aufstockung des Paulusdamms viele Häuser in der Nähe der Rur abgerissen werden. Einige wurden an höherer Stelle wieder aufgebaut.

Thema: Talsperren in der Rureifel

3. Stopp: Eichenniederwald

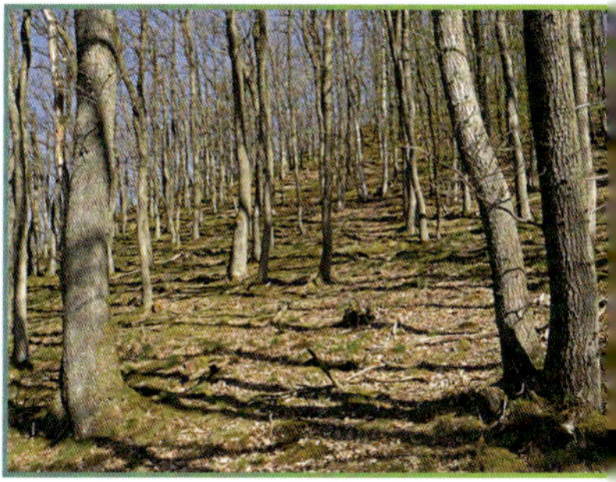

Auf den steilen Hängen des Rurtals mit seinen dünnen, trockenen und nährstoffarmen Böden wachsen bevorzugt Traubeneichen. Sie wachsen sehr langsam, manchmal krumm und schief. Früher lieferten solche Eichenniederwälder Rinde als Lohe für das Gerben. Die Rinde wurde im frühen Sommer von armdicken, 12 bis 15 Jahre alten Eichenstämmen abgelöst. Die entrindeten Stämme wurden als Brennholz genutzt. Die Stümpfe trieben danach wieder aus, sodass das Schälen nach 12 bis 15 Jahren wiederholt werden konnte.

4. Stopp: Das Gipfelkreuz „Schöne Aussicht"

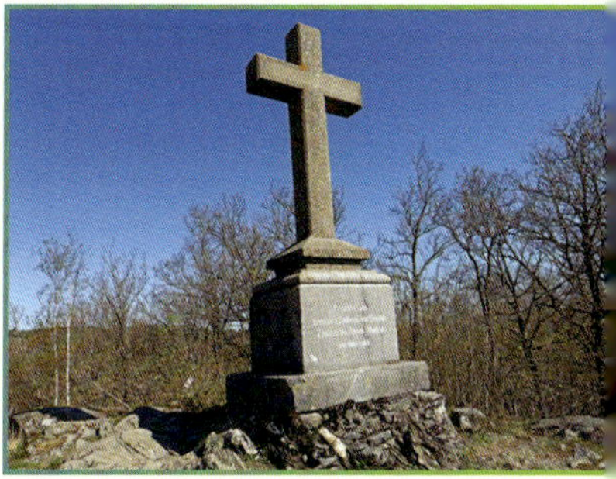

Der Aussichtspunkt „Schöne Aussicht" wird markiert durch ein Gipfelkreuz mit der Aufschrift „per crucem ad lucem" („durch das Kreuz zum Licht"). Es wurde 1887 vom damaligen Landrat des Kreises Monschau, Bernhard Freiherr von Scheibler, zur Erinnerung an einen Besuch des preußischen Königs Friedrich Wilhelm IV. errichtet. Heute ist nur noch der Sockel im Original erhalten. Das Kreuz steht auf einer Klippe aus Sandsteinen der Mittleren Rurberg-Schichten an der Kante der Simmerrather Hochfläche gegen das steil eingekerbte Rurtal.

5. Stopp: Das Rurtal bei Dedenborn

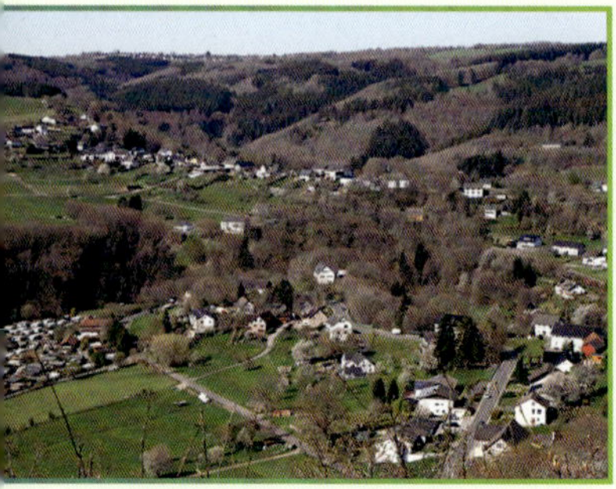

Der Ausblick vom Gipfelkreuz gilt vor allem dem Panorama des durch die Rurmäander um Dedenborn stark verbreiterten Rurtals. Im Vordergrund die Häuser des Dedenborner Ortsteils Seifenauel. Dahinter auf der anderen Talseite die auf einem schmalen Grat aufgereihten Häuser mit der Pfarrkirche von Dedenborn. Rechts hinter dem Ort ist auf der Hochfläche das für seine historische Flur- und Schutzheckenlandschaft bekannte Dorf Eicherscheid zu erkennen.

Thema: Die Hochflächen und Täler in der Rureifel

6. Stopp: Ein Weinberg in der Rureifel

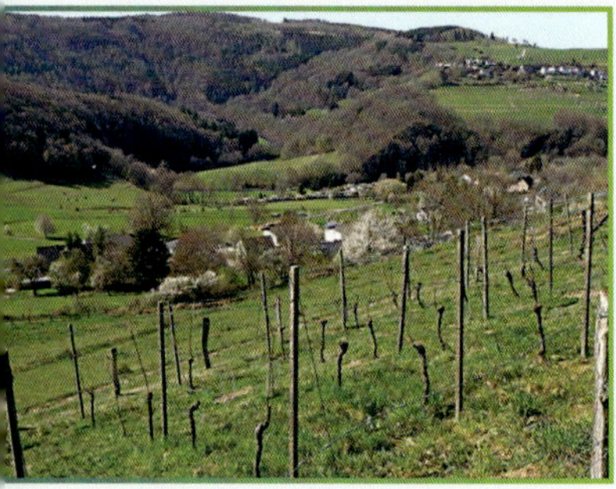

Ein Dedenborner Hobbywinzer hat hier vor vielen Jahren 50 Weinstöcke gepflanzt. Wenige Sonnenstunden, ein karger, schieferhaltiger Boden, kalter Wind und niedrige Temperaturen erschweren es hier allerdings den Trauben, gesund und ertragreich zu reifen. Angepflanzt wurde hier eine frühreife Rebsorte namens „Ortega", die in wärmerer Umgebung eine nur kurze Vegetationszeit aufweist. Hier, auf der sogenannten Richardsley, reift sie jedoch langsamer, wodurch ihr Weißwein eine herb-trockene Note erhält. Käuflich ist der Wein aufgrund der geringen Ausbeute nicht.

7. Stopp: Honig aus der Rureifel

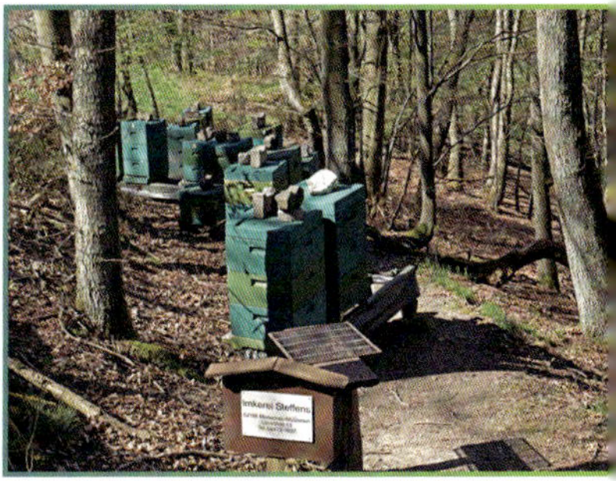

Auf den Streuobst- und Löwenzahnwiesen, in den vielen blühenden Gehölzen der Hecken und Wälder und bei der Himbeer- und Weißkleeblüte finden die Bienen der Rureifel heute ein reichhaltiges Angebot an Nektar, aus dem sie den besonderen Eifelhonig erzeugen. Die Bienenstöcke bestehen heute meist aus Kästen mit abnehmbarem Deckel. In den Kästen hängen mehrere Holzrahmen, in denen die Bienen ihre Waben bauen. Die Honigwaben können einzeln aus den Rahmen entnommen werden, ohne dass dabei die Behausung der Bienen zerstört wird.

8. Stopp: Die Rur-Niederterrasse von oben

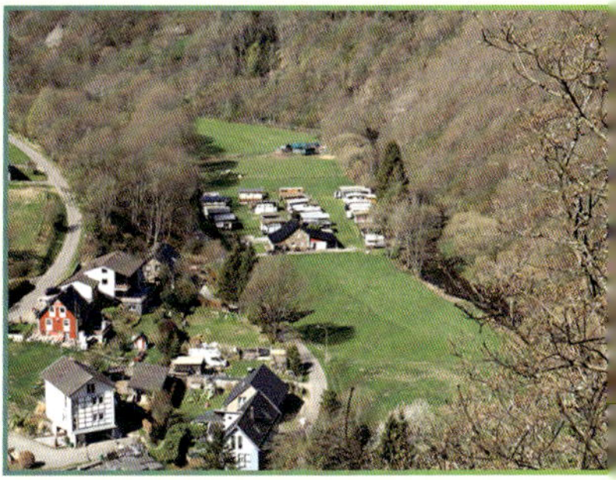

Tief unter dem Aussichtspunkt (Vorsicht! Absturzgefahr!) ist der nur einige 10 Meter breite Durchbruch des Rurtals zwischen der weniger steilen Talflanke im Süden und dem fast senkrecht aufsteigenden nördlichen Steilhang zu erkennen. Der weniger steile, terrassenartig gestufte Hang im Süden mit den Häusern von Rauchenauel entspricht dem Gleithang, der steile Nordhang dem Prallhang der großen Rur-Mäanderschleife von Dedenborn. Die grüne Wiese des Talbodens entspricht der Rur-Niederterrasse. Für sie besteht angesichts der Enge des Tals permanent Hochwassergefahr.

9. Stopp: Im Mündungsbereich des Tiefenbachs

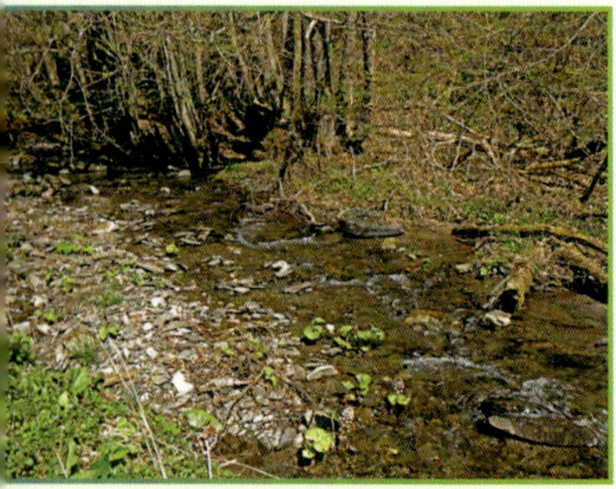

Der Tiefenbach entspringt auf der Simmerather Hochfläche westlich von Simmerath. Von Huppenbroich aus hat er sich tief in den Gebirgsuntergrund eingeschnitten und zu einem Kerbtal mit steilen Flanken und nur schmaler Talsohle entwickelt. Auf ihr fand seit dem 17. Jahrhundert gerade einmal eine Ölmühle Platz, in der Öl aus Bucheckern gepresst wurde. Wo sich das Kerbtal zur Ruraue hin öffnet, hat der Bach ein breites Geröllfeld aufgeschottert.

Thema: Die Hochflächen und Täler in der Rureifel

10. Stopp: Der Rurufer-Radweg

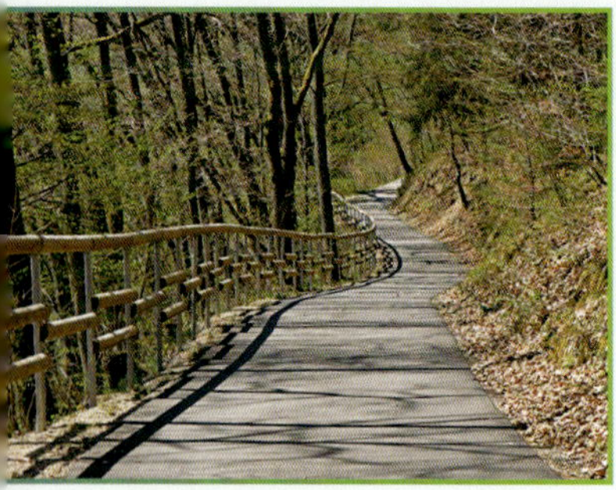

Der Uferweg links der Rur ist nicht nur Wirtschaftsweg und Wanderweg, sondern auch Teil eines 180 Kilometer langen Rurufer-Radwegs. Dieser beginnt in der Nähe der Rurquellen bei Botrange im belgischen Hohen Venn und verläuft über Monschau durch die Rureifel, vorbei an Düren und Jülich und durch die Region Heinsberg bis zur Mündung der Rur in die Maas bei Roermond. Der Radweg wurde in den letzten Jahren im Rahmen einer grenzüberschreitenden Tourismusförderung großzügig ausgebaut.

11. Stopp: Auwiese im Rurtal

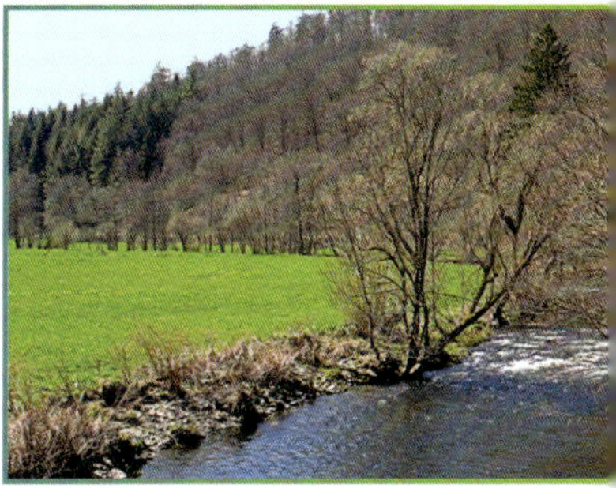

Bevor die Rur die sandsteinreicheren und damit härteren Oberen Rurberg-Schichten in einem Engtal bei Dedenborn durchbricht, hat sie durch freies Mäandrieren einen breiten Talgrund ausgeräumt und diesen mit einer mehrere Meter dicken Schicht aus Sand, Kies und Steinen bedeckt. In der Flussgeschichte der Rur fällt diese letzte Erosions- und Sedimentationsphase in die Niederterrassenzeit: Talvertiefung nach der Saale-Kaltzeit und Aufschotterung im Verlauf der Weichsel-Kaltzeit.

Thema: Die geologische Schichtenfolge der Rureifel
Thema: Die Hochflächen und Täler in der Rureifel

12. Stopp: Rurhochwasser

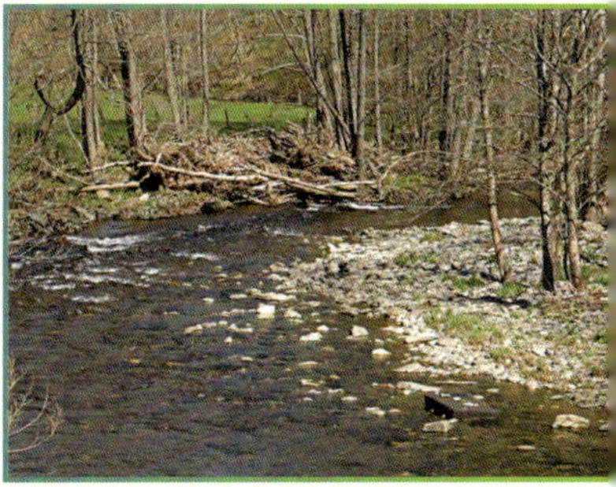

Die Niederterrasse der Rur wird auch heute noch jährlich vom Rurhochwasser überflutet. In der Flussrinne selbst erreicht der Fluss seine höchsten Fließgeschwindigkeiten und seine maximale Transportleistung. Schotterbänke werden aufgehäuft und über größere Strecken umgelagert, und erhebliche Mengen Treibholz verfangen sich in den die Ufer begleitenden Büschen und Erlengalerien.

13. Stopp: Flussgerölle in „Dachziegelpackung"

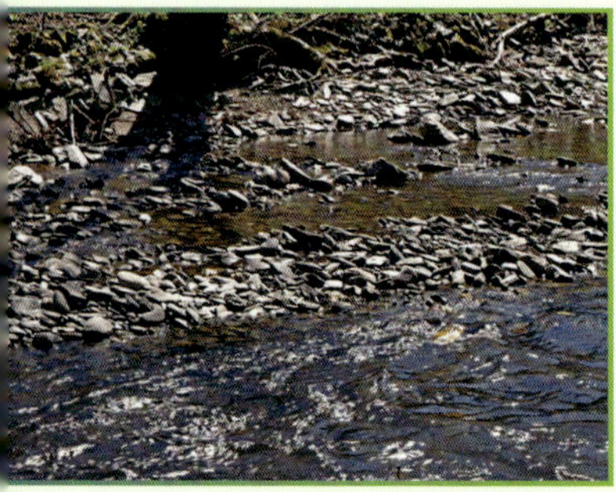

Plattig ausgebildete Flussgerölle wurden durch die Strömung der Rur in eine gegen die Fließrichtung geneigte Schrägstellung gebracht. Dadurch haben sie eine besonders stabile Lage erreicht und werden von der Strömung nicht mehr weitergerollt. Geologen sprechen von einer „Dachziegelpackung". Aus ihr lässt sich in fossilen Geröllagen (Konglomeraten) die zur Zeit ihrer Ablagerung vorherrschende Strömungsrichtung rekonstruieren.

14. Stopp: Lange Rurbrücke

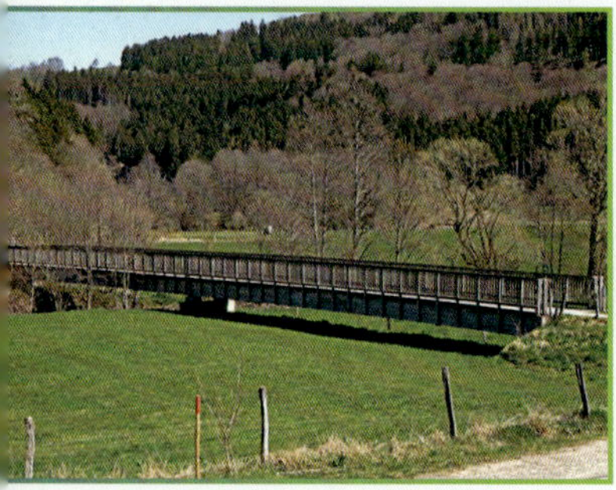

Diese lange Radweg- und Fußgängerbrücke überspannt nicht nur die Rur, sondern die ganze Talsohle. Das veranschaulicht noch einmal das Ausmaß und die Gefahr des die ganze Ruraue überschwemmenden jährlichen Rurhochwassers.

15. Stopp: Waldsimsen im Buchenwald

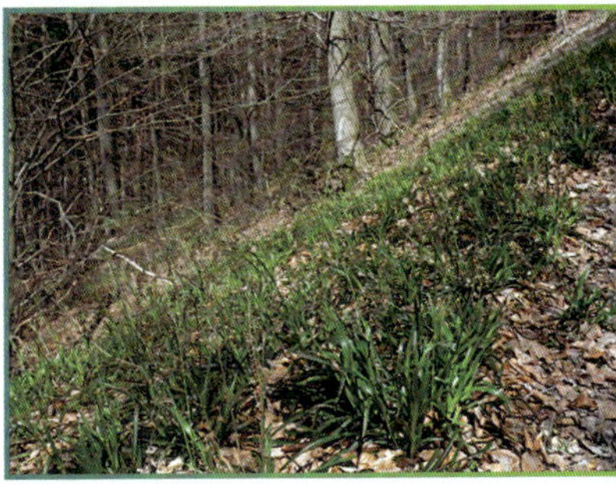

Der Steilhang des Rurtals ist hier streckenweise mit dichten Fichtenforsten, teilweise aber auch mit lockeren älteren Buchenbeständen besetzt. Kennzeichnend für die Letzteren ist das Auftreten der Waldsimse. Sie gehört zu den Sauergrasgewächsen. Weil sie keine farbigen Blüten trägt, wird sie oft kaum beachtet. Das Wild frisst sie nicht, denn ihre Blätter sind zäh und sauer. Früher stellte man aus den langen und biegsamen Blättern Körbe und Matten her. Außerdem eignete sich die Simse auch sehr gut als Einstreu in den Ställen.

16. Stopp: Geologisches Naturdenkmal

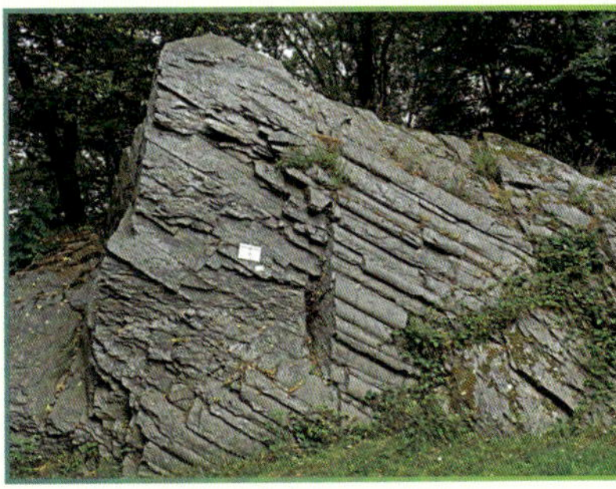

Eine besondere tektonische Verformung von Sandsteinbänken der Rurberg-Schichten sind pfeilerartige konvexe Wülste mit dazwischen scharfen Einschnürungen, sogenannte Mullions. Der Name geht auf einen Vergleich mit den gegliederten Pfeilern gotischer Kirchen zurück, die in England als „mullions" bezeichnet werden. Die Deutung ist komplex: zuerst Dehnung und Zerteilung der Sandsteinbänke, dann Zusammenschub und Buckelung der einzelnen Banksegmente, schließlich Auffaltung und Schieferung des ganzen Schichtstapels.

Thema: Die geologische Schichtenfolge der Rureifel
Thema: Faltung und Schieferung in der Rureifel

17. Stopp: Fachwerkhäuser in Dedenborn

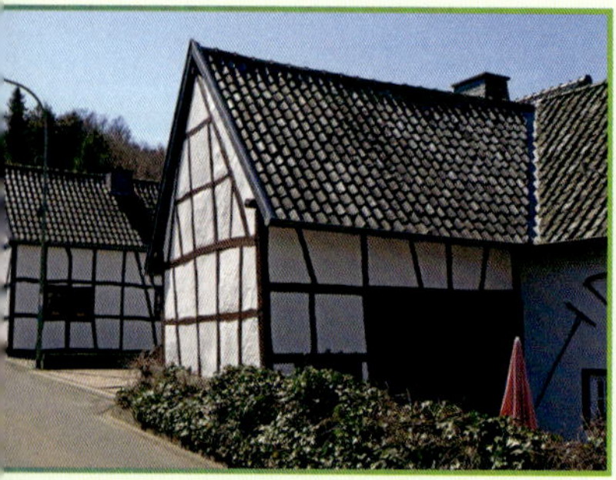

In Dedenborn und seinen Ortsteilen Rauchenauel und Seifenauel sind noch viele eifeltypische Fachwerkhäuser erhalten. Die meisten von ihnen sind Winkelhöfe mit rechtwinklig zueinander angeordnetem Wohnteil und Wirtschaftsteil. Die Grundrisse der Wohnhäuser waren konstruktionsbedingt immer sehr ähnlich: eine Küche vor einem aus Bruchsteinen gebauten Kamin und um diesen herum mehrere kleine Zimmer zum Wohnen und Schlafen. Höchstens eines der Zimmer war unterkellert.

18. Stopp: Die Kirche von Dedenborn

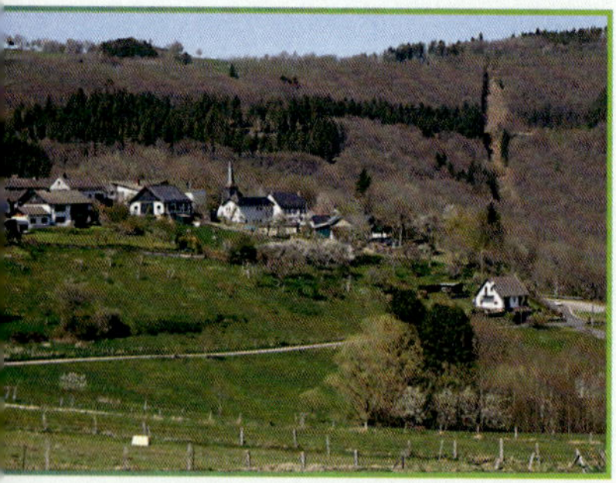

Die Häuser von Dedenborn verteilen sich über einen in Stufen (Terrassen) gegliederten Gleithang des großen Rur-Mäanderbogens. Die St. Michaelskirche, eine einfache Saalkirche mit Schieferdach, wurde im frühen 18. Jahrhundert erbaut. Nach dem Zweiten Weltkrieg wurde sie um ein Querschiff erweitert. Bekannt ist die Kirche durch einen barocken Eichenholz-Kreuzweg eines einheimischen Künstlers aus den Jahren 1758 bis 1764.

19. Stopp: Wuchernder Birkenwald

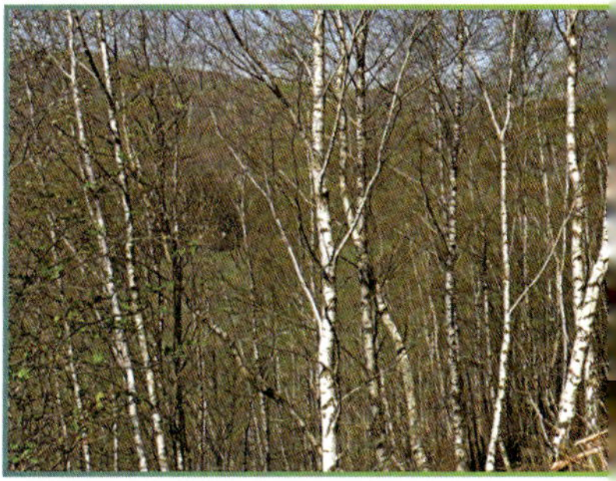

Auf dem ganzen südlichen Steilhang des Rurtals wuchert durchgehend dichter Birkenwald. Er entwickelte sich über einem früheren großen Kahlschlag. Birken gelten als Pionierbäume, die gehölzfreie Flächen als Erste besetzen. Langfristig werden sie aber einem höherstämmigen Baumbestand (Fichten, Buchen) weichen müssen. Wegen der Steilheit und dauernden Durchfeuchtung der Hänge führen Kriechbewegungen des Bodens häufig zu Verkippungen und Verkrümmungen der Birkenstämme.

20. Stopp: Der Eifelblick „Wolfshügel"

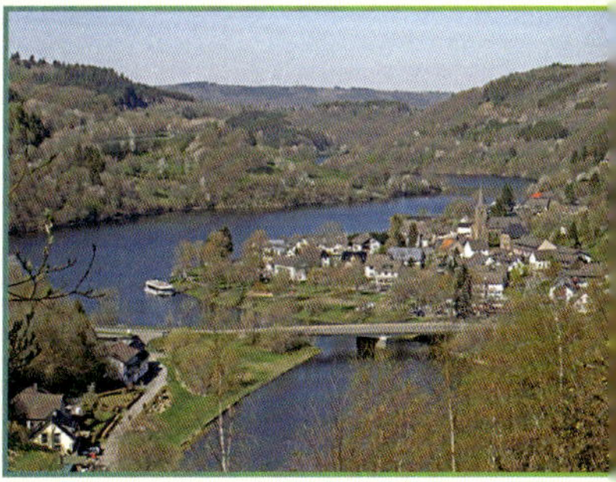

Vom sogenannten Wolfshügel aus hat man einen weiten Ausblick auf den Obersee der Rurtalsperre und den Ort Einruhr. Einruhr ist heute wegen seiner Lage am See und wegen seines durch Fachwerkhäuser und Winkelhöfe geprägten historischen Ortskerns eine der vielen touristischen Attraktionen der Rureifel. Seit 2003 spendet hier ein Heilsteinbrunnen Mineralwasser aus der Heilsteinquelle im nahe gelegenen Sauerbachtal. Bereits die Römer schöpften das Wasser der Heilsteinquelle als Heilwasser.

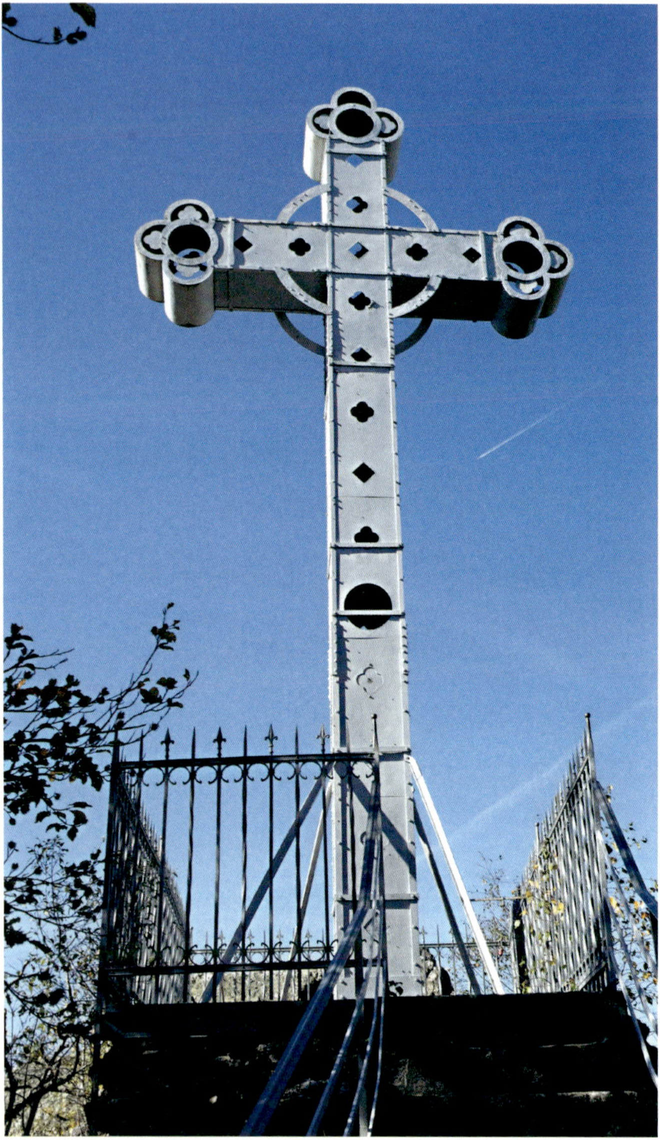

Route 6: Rundwanderung im oberen Rurtal zwischen Dreistegen und Richelsley

Start und Ziel: Parkplatz „Dreistegen" (Monschau)

Dauer: vier Stunden

Länge der Wanderstrecke: circa 12 Kilometer

Höhenunterschiede: 158 Meter

Anfahrt mit öffentlichen Verkehrsmitteln: Haltestelle „Dreistegen" in Monschau (von dort circa 100 Meter Fußweg über die Monschauer Straße und den Reichensteiner Weg zum Parkplatz)

Fahrplanauskunft: www.aseag.de/fahrplan/fahrplanauskunft/

Parkmöglichkeit: Parkplatz „Dreistegen" (Monschau)

Streckenverlauf:
Vom Parkplatz „Dreistegen" geht es auf einem Uferweg entlang der Rur immer flussaufwärts bis zu einer Brücke kurz vor Kloster Reichenstein. Jenseits der Brücke verläuft der Weg auf der anderen Talseite bis zur Norbertuskapelle an der Reichensteiner Straße. Dort quert er wieder die Rur und steigt jenseits eines großen Parkplatzes und der Vennbahntrasse auf zur Anhöhe der Richelsley mit dem „Kreuz im Venn".

Von dort geht es weiter entlang der deutsch-belgischen Grenze in Richtung Ruitzhof und wieder zurück ins Rurtal zur Vennbahn. Dann wieder aufwärts auf die Hochfläche von Kalterherberg und von den nördlichen Ausläufern des Ortes zwischen Wiesen und Feldern in Richtung Perlenbachtal. Am Ende führt ein steiler Fußweg wieder bergab zum Parkplatz „Dreistegen".

GPX-Daten zur Route 6

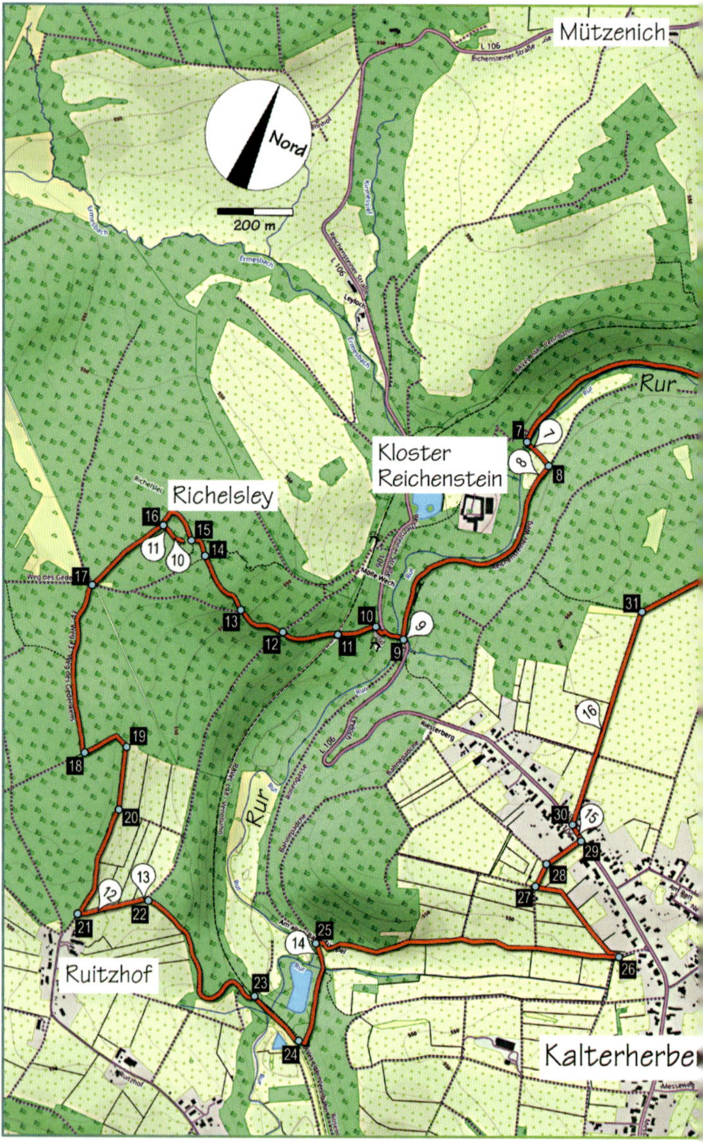
Mützenich
Nord
200 m
Rur
Kloster
Reichenstein
Richelsley
Ruitzhof
Kalterherbe

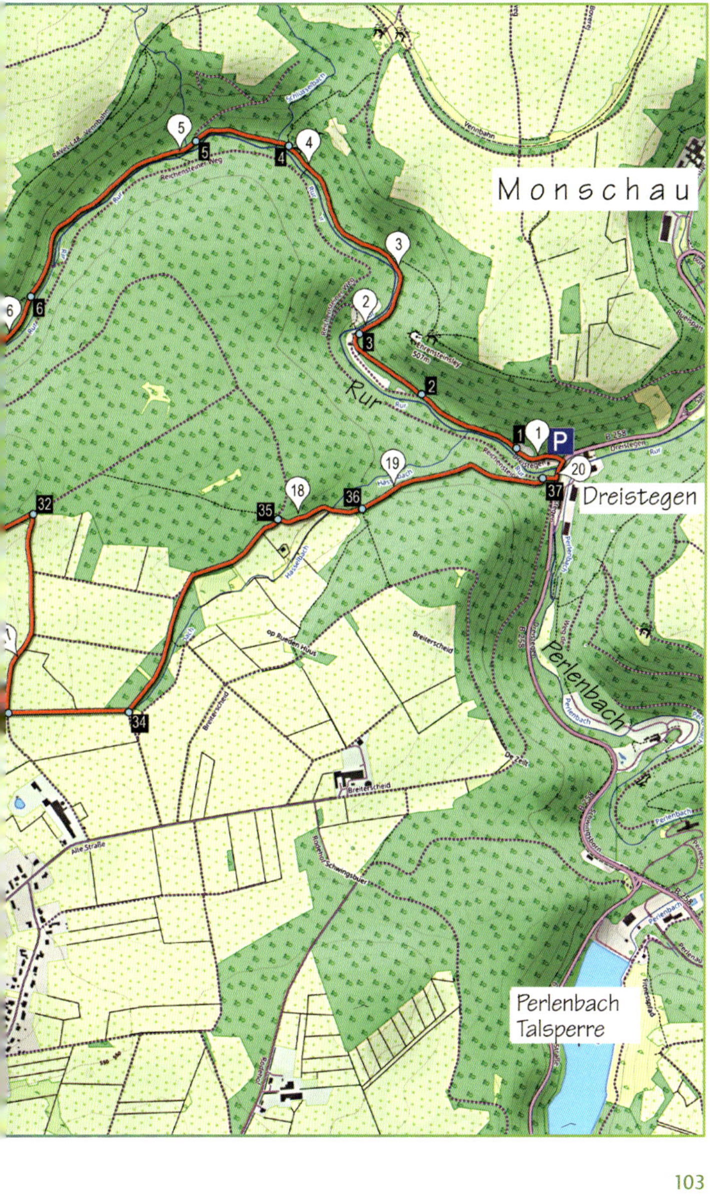

Monschau
Dreistegen
Rur
Perlenbach
Perlenbach Talsperre
Vennbahn
Reichensteiner Weg
Schlüsselbach
Ehrensteinsley 507m
B 258
Breiterscheid
op Rueden Huus
Alte Straße

Wegweiser

1	Am Ende des Parkplatzes dem Teerweg ruraufwärts folgen.
2	Sich rechts halten.
3	Vor der Brücke dem Teerweg nach rechts weiter folgen.
4	Dem Fußpfad weiter geradeaus folgen.
5	Sich links halten und über die Brücke weiter geradeaus gehen.
6	Sich links halten und am Rurufer weiter geradeaus gehen.
7	Nach links über die Brücke gehen und dem Wiesenweg folgen.
8	Auf dem Rurufer-Radweg nach rechts abbiegen.
9	Vor der Norbertuskapelle nach rechts über die Straßenbrücke zu einem großen Parkplatz gehen und diesen queren.
10	Am Ende des Parkplatzes einem Fußweg nach links aufwärts folgen.
11	Den Vennbahn-Radweg queren und weiter geradeaus aufwärts gehen.
12	Einen Waldweg queren und weiter geradeaus aufwärts gehen.
13	Nach circa 150 Metern sich rechts halten.
14	Geradeaus gehen.
15	Vor der Grotte rechts gegen den Uhrzeigersinn um die Richelsley gehen.
16	Nach einem Abstecher zum Gipfelkreuz auf dem Waldweg geradeaus weitergehen.
17	An einer großen Wegkreuzung geradeaus einen schmalen Fußweg wählen und ihm folgen.
18	Links abbiegen und dem Waldweg folgen.
19	Nach rechts den Waldrand entlang gehen.
20	Geradeaus gehen.

Wegweiser

21	Vor den ersten Häusern von Ruitzhof scharf links abbiegen.
22	Am Rastplatz „Eifelblick" rechts abbiegen.
23	Dem Vennbahn-Radweg nach rechts folgen.
24	Nach links auf den Rurufer-Radweg hinuntersteigen und diesem nach links folgen.
25	Vor der Weggabelung nach rechts abbiegen und einem Wiesenweg aufwärts folgen.
26	Hinter dem Brunnenhäuschen scharf links auf einen Schotterweg einbiegen.
27	An einer Bank rechts abbiegen.
28	Geradeaus gehen.
29	Die Straße queren, sich links halten.
30	Rechts in einen Wirtschaftsweg abbiegen.
31	Auf der Hochfläche dem Wirtschaftsweg nach rechts folgen.
32	Rechts abbiegen.
33	Nach links auf einen Wiesenweg abbiegen.
34	Am Ende des Wiesenwegs links auf einen Wirtschaftsweg abbiegen.
35	An einer Weggabelung rechts abbiegen und einem Fußpfad in Richtung Rurtal folgen.
36	Geradeaus gehen.
37	Auf dem Ruruferweg nach rechts zur Straßenbrücke gehen; die Rurbrücke nach links queren und nach 50 Metern nach links zum Parkplatz „Dreistegen" zurückkehren.

1. Stopp: Felswand am Parkplatz

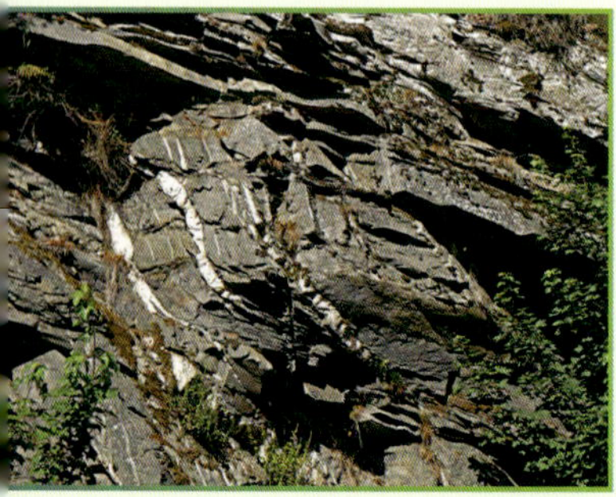

Die Autos parken vor einer rund 25 Meter hohen Felswand aus grauen Sandsteinen und dazwischen sandgebänderten Tonschiefern der Monschau-Schichten (frühe Unterdevon-Zeit). Die Sandsteinbänke sind zum Teil eng verfaltet. Einige weisen mit milchig-weißem Quarz („Milchquarz") gefüllte Dehnungsrisse auf. Der Quarz (SiO_2) stammt aus ihrem in großer Tiefe unter hohem Druck und hohen Temperaturen verformten Nebengestein. Milchquarz ist sehr hart und bricht unregelmäßig. Er wurde früher häufig als Pflasterstein verwendet.

Thema: Die geologische Schichtenfolge der Rureifel

2. Stopp: Jugendzeltplatz Dreistegen

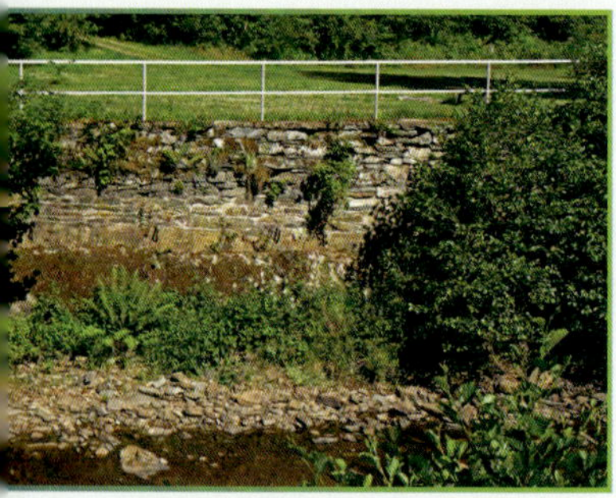

Ein ehemaliges Wehr und eine alte Ufermauer sind die Reste einer Tuchfabrik des Tuchmachers Johann Reiner Uber aus Monschau. Er ließ hier im 19. Jahrhundert ein Staubecken für ein Wasserrad anlegen. Seit dem Ersten Weltkrieg und danach bis 1977 diente das Becken der Monschauer Jugend als Schwimmbad. Heute ist das Wehr beseitigt, um Fischen einen freien Durchgang zu ermöglichen. Die Wiesenflächen dahinter sind heute Jugendzeltplatz der Stadt Monschau.

3. Stopp: Klippen im Fluss

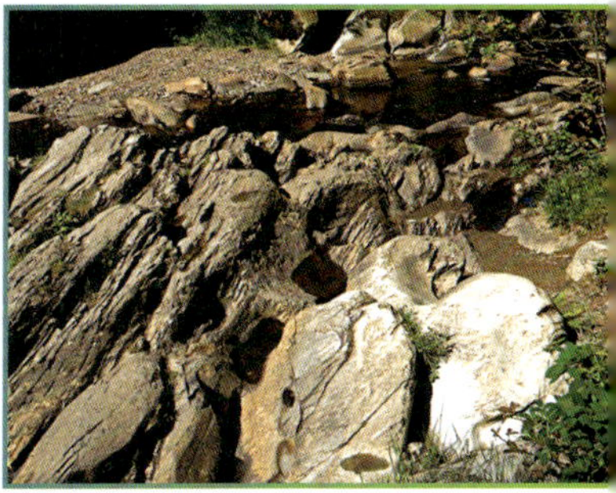

In dem großen Mäanderbogen der Rur queren besonders widerstandsfähige Sandsteinbänke und Schiefer der Rurberg-Schichten (frühe Unterdevon-Zeit) das Flussbett. Sie sind von im strömenden Wasser mitgeführten rollenden und springenden Flussgeröllen glatt und rund geschliffen. Auf der nördlichen Talseite bilden die gleichen Sandsteine hoch über dem Flusslauf die Felsklippe „Ehrensteinley", zu der auch ein steiler Fußpfad hinaufführt.

Thema: Die geologische Schichtenfolge der Rureifel
Thema: Die Hochflächen und Täler in der Rureifel

4. Stopp: Die Fischerhütte

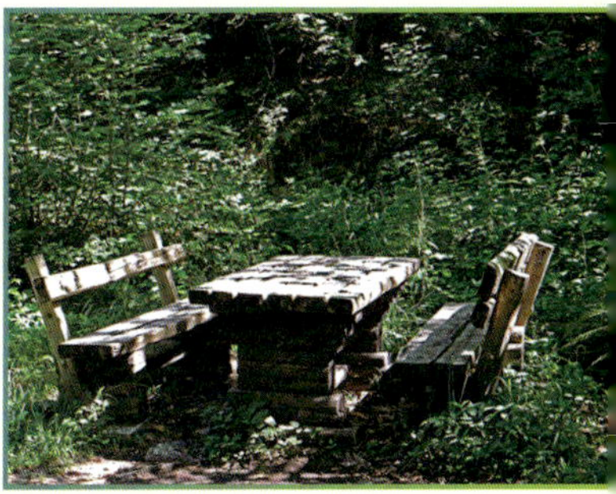

An der Stelle des heutigen Rastplatzes und einer neuen Schutzhütte stand vor dem Ersten Weltkrieg das viel besuchte Ausflugslokal „Fischerhütte". Es soll in Zeitungsannoncen mit 600 Sitzplätzen, einem Turnplatz, einer Badeanstalt und sogar einer Sommerrodelbahn für einen Besuch geworben haben. Alte Postkarten zeigen tatsächlich verschiedene Fachwerkgebäude mit Bretterverkleidung und reich ausgestattete Innenräume. Nach dem Ersten Weltkrieg wurde es still um das Lokal. Es wurde versteigert und verfiel. Nach anderen Informationen brannte es ab.

5. Stopp: Im Rurtal

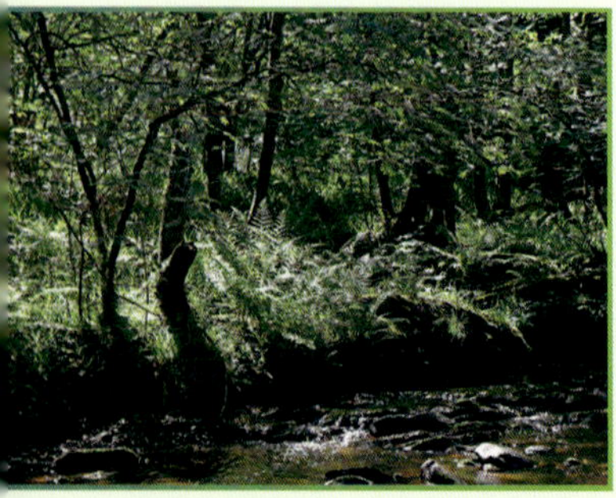

Wo wenig widerständige Schiefer den Untergrund bilden, konnte der Fluss einen breiteren Talboden ausräumen. Auf seinen nur bei Hochwasser überfluteten Sand- und Kiesbänken breiten sich heute Auwälder aus Schwarzerlen, Eschen und Bergahorn aus. Im Sommer gedeiht unter den Baumkronen eine dichte Krautschicht aus Farnen, Gräsern, Hochstauden und Moosen. Das ganze obere Rurtal zwischen Dreistegen und Kalterherberg steht als Fauna-Flora-Habitat-Gebiet (FFH) unter strengem Naturschutz.

Thema: Naturschutz in der Rureifel

6. Stopp: Steine im Weg

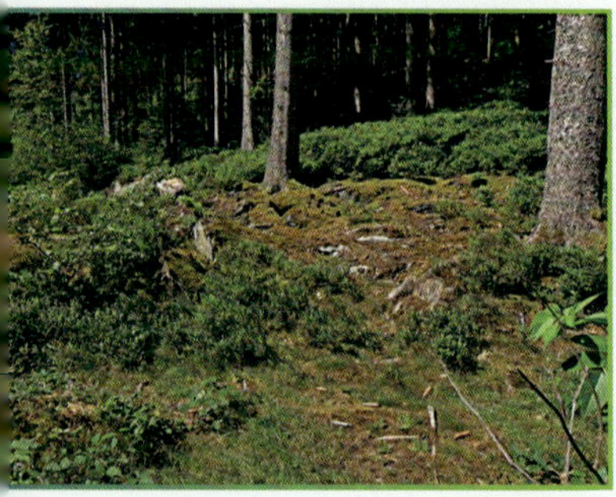

Ein Blockstrom aus großen Steinen, vermischt mit Lehm und kleineren Gesteinsstücken, reicht hier bis unmittelbar an den Fluss. Der Blockstrom stammt aus der Oberkante des Steilhangs. Während der letzten Kaltzeit (Weichsel-Kaltzeit) lockerten sich dort die anstehenden Felsen durch Frostsprengung. Ihre Blöcke gelangten – vermischt mit Verwitterungslehm – durch langsames, kontinuierliches „Bodenkriechen" hierher. Besonders im Schnee und nach der Schneeschmelze erschweren sie hier den Durchgang.

7. Stopp: Rur-Mittelterrasse

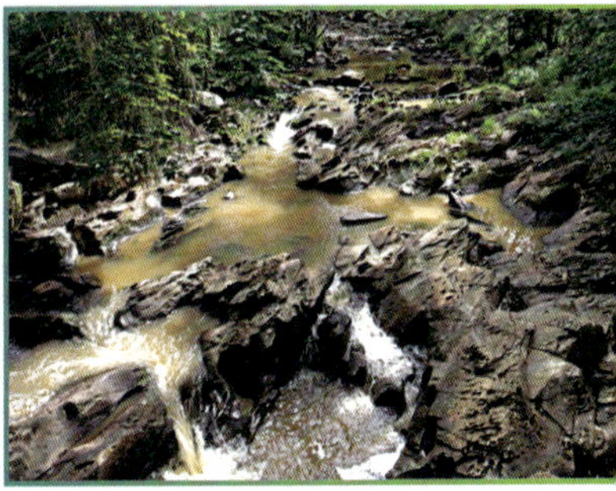

Es sind die letzten Wasserfälle, Stromschnellen und Auskolkungen im Felsuntergrund, die der Rur hier einen wildbachähnlichen Charakter geben. Weiter flussaufwärts fließt der Fluss ruhig und in weiten Mäanderbögen auf einem breiten Talboden, der breit genug ist für eine Wiesen- oder Weidenutzung. In der Terrassengliederung der Rur entspricht dieser breitere Talboden einer Mittelterrasse, die von der jüngeren rückschreitenden Erosion im Mittel- und Unterlauf der Rur bisher verschont blieb.

Thema: Die Hochflächen und Täler in der Rureifel

8. Stopp: Kloster Reichenstein

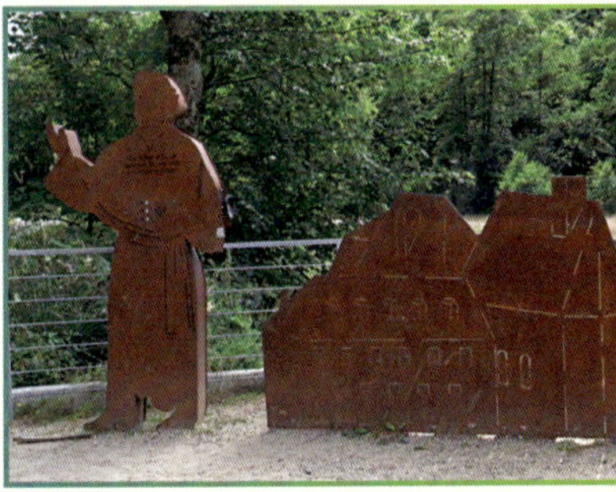

Auf einem Rastplatz des Rurufer-Radwegs verweisen zwei Metallskulpturen auf das nahe gelegene Kloster Reichenstein. Dessen Gebäude sind allerdings nur im Herbst und Winter, wenn das Laub der Bäume gefallen ist, über dem linken Ufer der Rur zu erkennen. Ursprünglich als Burg erbaut, war Reichenstein seit dem 12. Jahrhundert ein Prämonstratenserkloster. Unter französischer Herrschaft wurde es 1802 säkularisiert. Seit 2017 sind seine Gebäude wieder im Besitz eines katholischen Ordens traditionalistischer Prägung.

9. Stopp: Die Norbertus-Kapelle

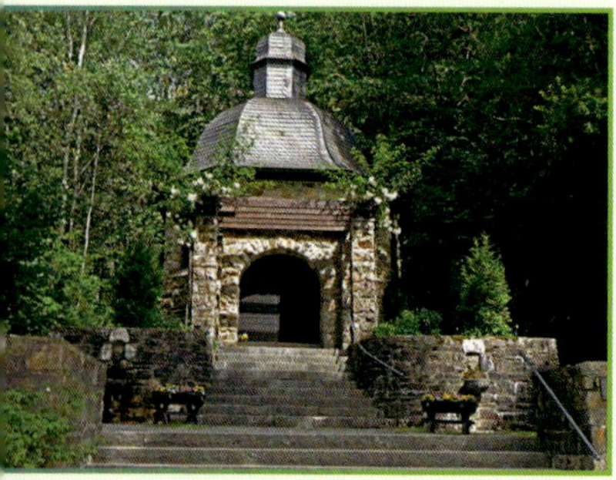

Die Norbertus-Kapelle wurde 1926 zum Andenken an den Heiligen Norbert von Xanten, den Gründer des Prämonstratenser-Ordens errichtet. Sie soll an das seelsorgerische Wirken der Nonnen und Mönche des frühen Klosters Reichenstein im Monschauer Land erinnern. Wallfahrten hierher gibt es heute nicht mehr. Dennoch kommen immer wieder Menschen, um Hilfe zu erbitten oder auf ihrer Wanderung eine besinnliche Rast einzulegen. Im Inneren der Kapelle zeugen viele Dankestafeln von Hilfe in der Not.

10. Stopp: Die Richelsley

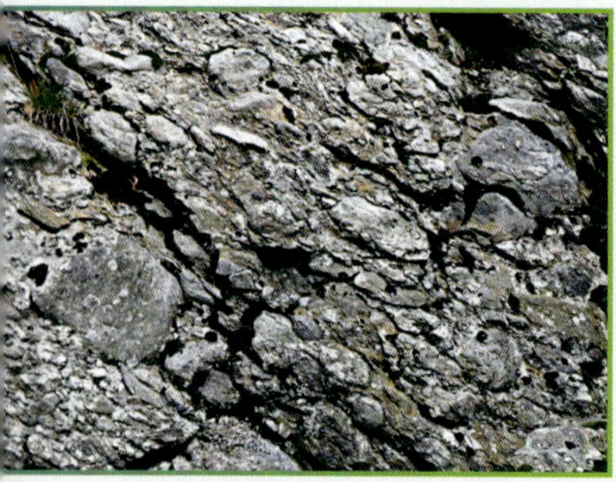

Der 12 Meter hohe Richelsley-Felsen - so benannt wegen seiner Nähe zum Kloster Reichenstein - ist ein außergewöhnliches Naturdenkmal. Er besteht aus massiven Konglomeratbänken der frühen Unterdevon-Zeit (Gedinne-Schichten). Die Konglomeratfelsen sind geschiefert. Ihre Gerölle sind stark deformiert. Die Schieferung und Geröllverformung erfolgten während der Karbon-Zeit im Rahmen der Variszischen Gebirgsbildung in vielen Kilometern Tiefe. Seither brachte die Heraushebung der Nordeifel die Felsen als Inselberg in ihre heutige Position.

Thema: Die geologische Schichtenfolge der Rureifel
Thema: Faltung und Schieferung in der Rureifel

11. Stopp: Das „Kreuz im Venn"

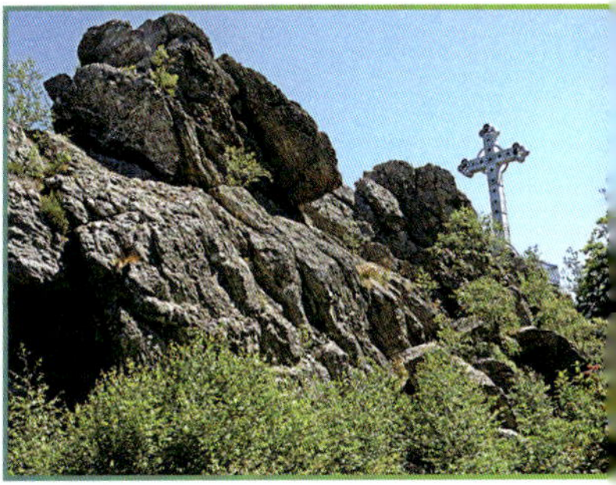

Über den Felsklippen der Richelsley ist ein als „Kreuz im Venn" bekanntes, sechs Meter hohes Stahlkreuz errichtet. Ein Vorgängerkreuz an gleicher Stelle entstand 1890 zur Erinnerung an Stephan Horrichem, den Prior des nahen Klosters Reichenstein während des Dreißigjährigen Krieges. In einer Felsnische unterhalb des Gipfelkreuzes richtete die katholische Kirchengemeinde Kalterherberg 1894 eine Mariengrotte ein. Sie ist eine auch heute noch oft besuchte Gebetsstätte und Ziel von Pilgerfahrten und Prozessionen aus den umliegenden Gemeinden.

12. Stopp: Der Weiler Ruitzhof

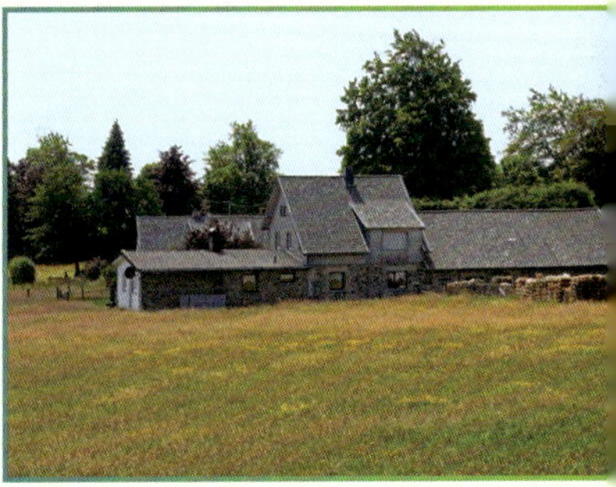

Die Häusergruppe von Ruitzhof ging aus einem ehemaligen Wirtschaftshof des Klosters Reichenstein hervor, von dem heute allerdings nichts mehr erhalten ist. Nach der Säkularisierung des Klosters gingen die zu diesem Hof gehörenden Ländereien in Privatbesitz über. Im Norden, Westen und Süden grenzt Ruitzhof an Belgien. Im Osten verläuft die Vennbahn, deren Trasse seit Ende des Ersten Weltkriegs ebenfalls zu Belgien gehört. Dadurch ist Ruitzhof heute eine deutsche Exklave in Belgien, die nur über belgisches Staatsgebiet zu erreichen ist.

13. Stopp: Aussichtspunkt „Eifelblick"

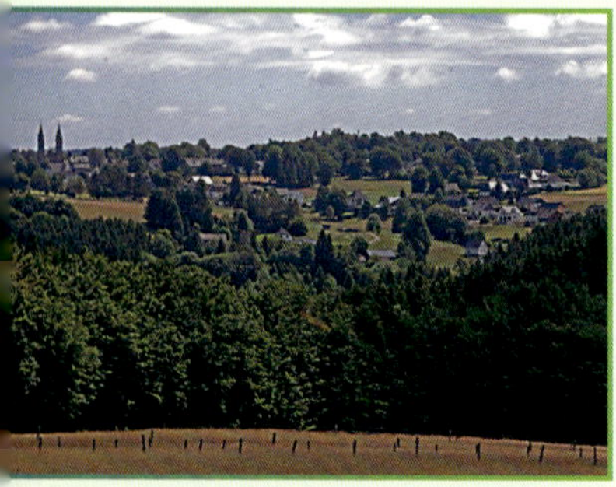

Von diesem Aussichtpunkt aus erkennt man in südöstlicher Richtung die beiden Türme der Pfarrkirche St. Lambertus in Kalterherberg. Sie wurde in ihrer heutigen neuromanischen Form zwischen 1897 und 1901 erbaut. In ihrem 1908 erschienenen Roman „Das Kreuz im Venn" zeichnete die Schriftstellerin Clara Viebig ein eindrucksvolles Bild der gesellschaftlichen Situation jener Zeit: vom entbehrungsreichen Leben der Bauern hier am Rand des Hohen Venns, vom Stolz der Bevölkerung auf ihren neuen „Eifeldom", aber auch von dem Vorwurf, das Geld dafür wäre besser in eine Wasserleitung investiert worden.

14. Stopp: Am alten Badetümpel

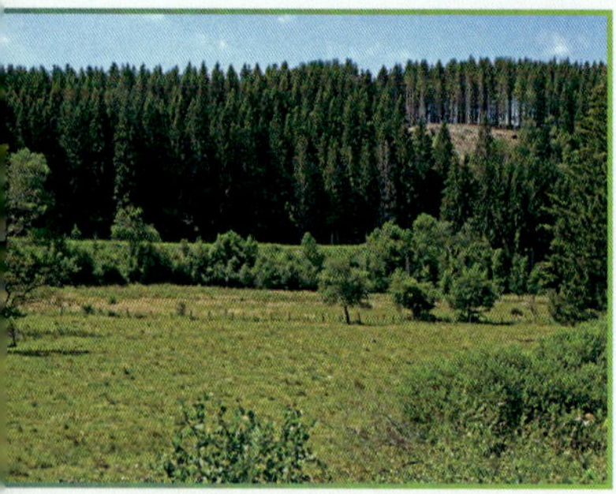

Hier ist wieder ein Rastplatz des Rurfer-Radwegs mit Hörstation eingerichtet. Seinen Namen verdankt er einem heute hinter dichtem Buschwerk verborgenen Rückhaltebecken in der Ruraue, das früher wohl von den Kalterherbergern als Bademöglichkeit genutzt wurde. Die Ruraue ist auch hier Teil des europaweiten Schutzflächennetzes Natura 2000. Sie umfasst brachgefallene und beweidete Grünlandflächen. Vor der Vennbahntrasse im Hintergrund wird ein Graben von Birken und Weidenbüschen gesäumt. Der steile Hang auf der Gegenseite ist noch mit Fichten bestockt.

15. Stopp: Kalterherberg

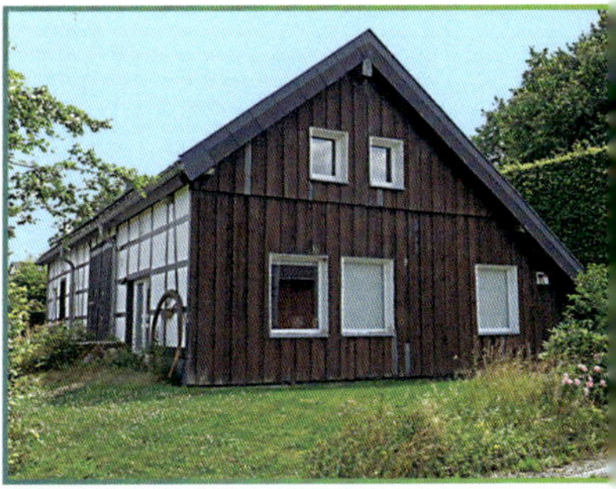

Auf der Hochfläche südlich des Rurtals sind die Häuser von Kalterherberg in einem langen, in Richtung Nord-Süd verlaufenden Straßenzug aufgereiht. Zwischen vielen Neubauten sind auch immer wieder ältere Fachwerkhäuser erhalten. Die einheimischen Baumaterialien waren Holz, Lehm, Stroh und Bruchsteine. Die Wohnräume, Stall und Scheune lagen nebeneinander unter einem Dach. Das Dach war zur Wetterseite tief heruntergezogen, und gewöhnlich schützte eine hohe Buchenhecke das Haus vor Regen und Wind.

16. Stopp: Auf der Hochfläche

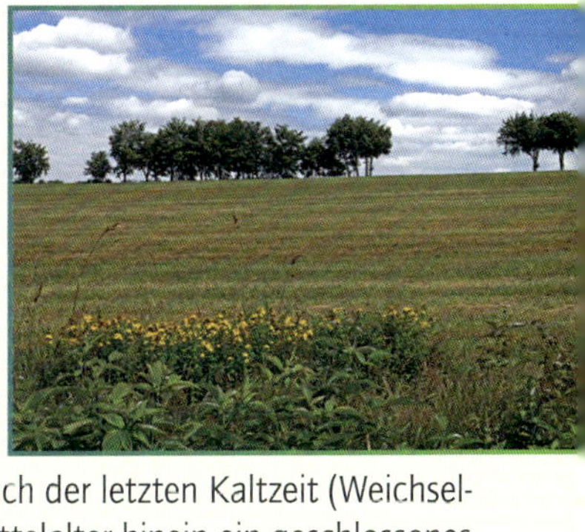

Die Hochfläche um Kalterherberg ist heute waldfreies Wiesen- und Weideland. Die Verebnung entstand bereits gegen Ende der Karbon-Zeit (vor circa 300 Millionen Jahren) durch Abtrag des damals hier aufgestiegenen Variszischen Gebirges. Vor 800.000 Jahren begann ihre Anhebung auf ihr heutiges Höhenniveau: bis 600 Meter über dem Meeresspiegel. Nach der letzten Kaltzeit (Weichsel-Kaltzeit) bestand hier bis in das Mittelalter hinein ein geschlossenes Waldgebiet, das sogenannte Waldgeleit. Die Rodungssiedlung Kalterherberg wird erstmals 1334 erwähnt.

Thema: Die Hochflächen und Täler in der Rureifel

17. Stopp: Quellmulde des Hasselbachs

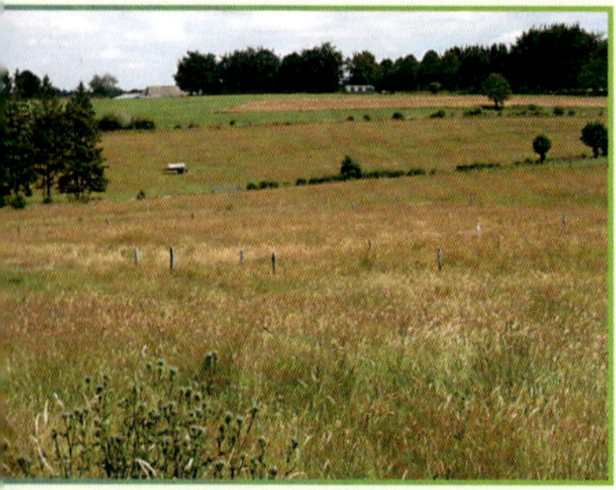

Die sich zum Rurtal hin öffnende flache Wiesensenke ist eine von mehreren Quellmulden des zum Rurtal hinfließenden Hasselbachs. Sie zeigt noch keinen festgelegten Bachverlauf. Vielmehr bewegt sich das auf breiter Fläche versickernde Niederschlagswasser auf unterirdischen Bahnen in Richtung ihres am tiefsten liegenden Ausgangs. Erst dort tritt es als Quelle zutage. Weil das Sickerwasser auf seinen unterirdischen Wegen laufend Bodenpartikel lockert und abtransportiert, vertieft sich die Quellmulde mit der Zeit.

Thema: Die Hochflächen und Täler in der Rureifel

18. Stopp: Der obere Hasselbach

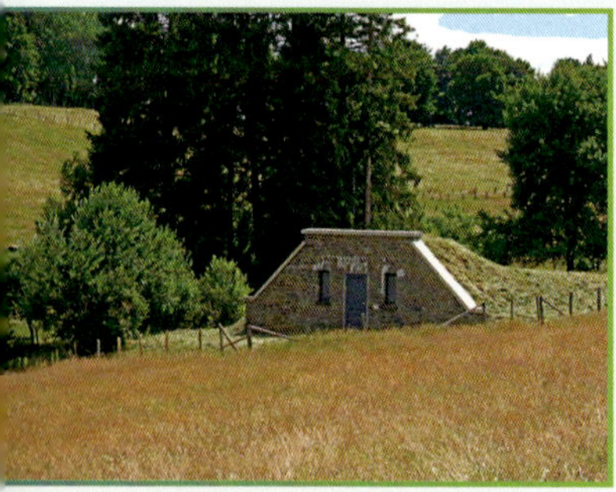

Nur wenige hundert Meter unterhalb des Quellgebiets des Hasselbachs hat sein nun an der Oberfläche abfließendes Wasser bereits ein deutliches Kerbtal in den Untergrund eingeschnitten. Die Hänge sind aber noch flach genug, sodass sie als Wiesenland taugen. Im Boden und im Bach selbst fließt – jahreszeitlich durchaus unterschiedlich – genug Wasser für eine Wasserfassung eines nahen Wasserwerks. Nur wenige weitere hundert Meter bachabwärts versteilt sich das Kerbtal abrupt in Richtung auf den heute mehr als 100 Meter tiefer gelegenen Talboden der Rur.

Thema: Die Hochflächen und Täler in der Rureifel

19. Stopp: Hohlweg nach Dreistegen

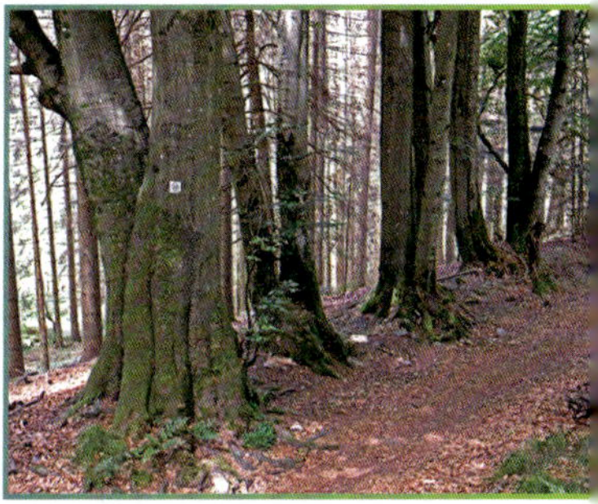

Von der Hochfläche führt ein Fuß- und Karrenweg direkt steil hinunter ins Rurtal. Streckenweise ist er heute als Hohlweg erhalten. An mehreren Stellen lassen sich noch Karrenspuren im Fels beobachten. Auch die Reste einer als Schutz vor Wind und Regen angelegten Buchenhecke sind noch zu erkennen. Dieser Fuß- und Karrenweg dürfte in der Blütezeit der Monschauer Textilindustrie im 18. und Anfang des 19. Jahrhunderts eine wichtige Rolle für die Heimarbeiter und Pendler aus Kalterherberg gespielt haben.

20. Stopp: Dreistegen

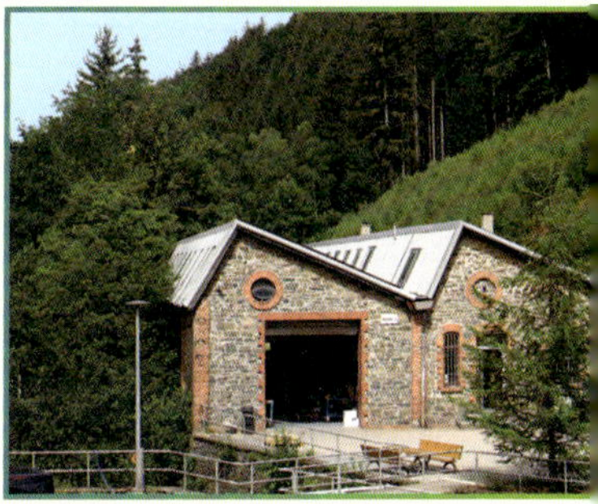

Der Name Dreistegen geht auf eine Brücke auf dem Weg von Monschau nach Kalterherberg zurück. Im 18. Jahrhundert gab es neben der Brücke eine Mahlmühle und auch bereits Wasserräder zum Betrieb von Walkmühlen. Später (1837) verlegte der Monschauer Textilfabrikant Alexander Scheibler Teile seiner Tuchfabrikation hierher. Nach einer langen Zeit der Vernachlässigung und des Verfalls der Gebäude und Anlagen wird der Platz heute wieder restauriert und von einem Unternehmen der Metallindustrie genutzt.

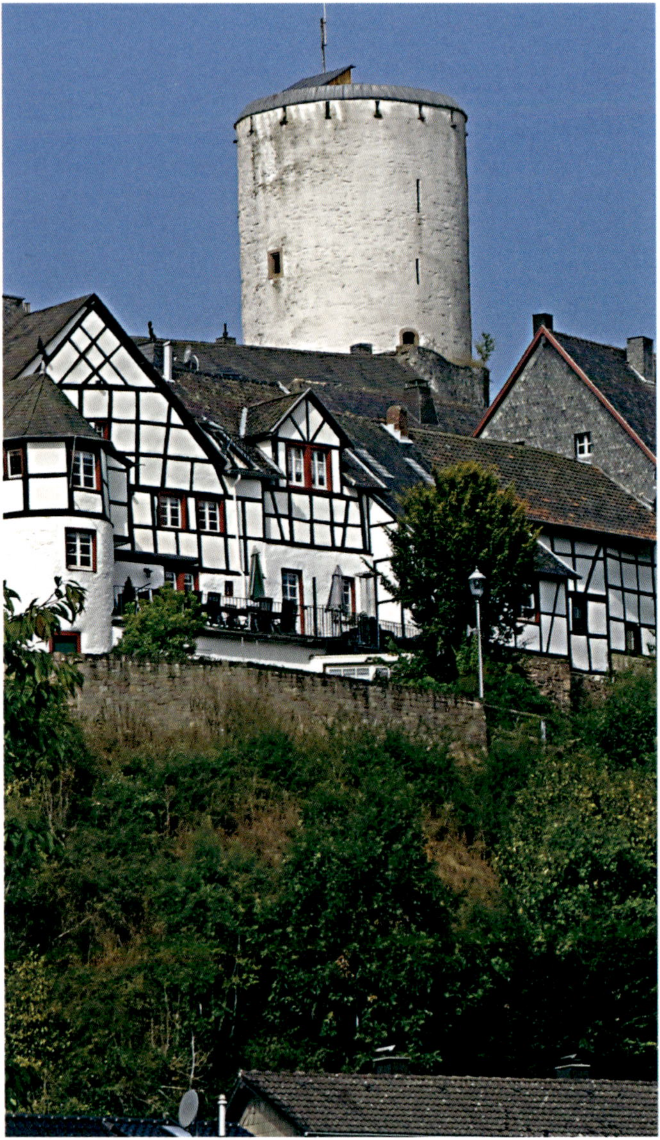

Route 7: Rundwanderung im Schleidener Land zwischen Burg Reifferscheid und der Wildenburg

Start und Ziel: Parkplatz gegenüber der Grundschule vor der Burg Reifferscheid

Dauer: circa 3,5 Stunden

Länge der Wanderung: circa 13 Kilometer

Höhenunterschiede: 123 Meter

Anfahrt mit öffentlichen Verkehrsmitteln: Hellenthal, Reifferscheid Grundschule

Fahrplanauskunft AVV: auskunft.avv.de

Parkmöglichkeit: Parkplatz vor der Burg Reifferscheid. (Wenn der Parkplatz besetzt ist, besteht die Möglichkeit, in der Unterstadt an der L 17 zu parken. In diesem Fall verläuft die Wanderung vom Punkt 42 des Wegweisers über die Punkte 43 und 44 zu ihrem eigentlichen Ausgangspunkt vor dem Matthiastor.)

Streckenverlauf:
Die Wanderung beginnt mit einem Rundgang durch den hoch gelegenen mittelalterlichen Burgort Reifferscheid mit seiner restaurierten Burgruine. Von dort führt der Weg hinunter zum Reifferscheider Bach und weiter nach Osten über die Höhe bei Zingscheid zur Wildenburg. Diese Höhenburg ist im Gegensatz zur Burg Reifferscheid noch mit allen Gebäuden vollständig erhalten.

Jenseits von der Wildenburg führt der Weg hinunter ins Tal des Manscheider Bachs und wieder hinauf auf die Eifelhochfläche mit weiten Aussichten auf die Westliche Hocheifel. Von dort geht es in den Tälern des Manscheider und des Reifferscheider Bachs zurück zur Burg Reifferscheid.

GPX-Daten zur Route 7

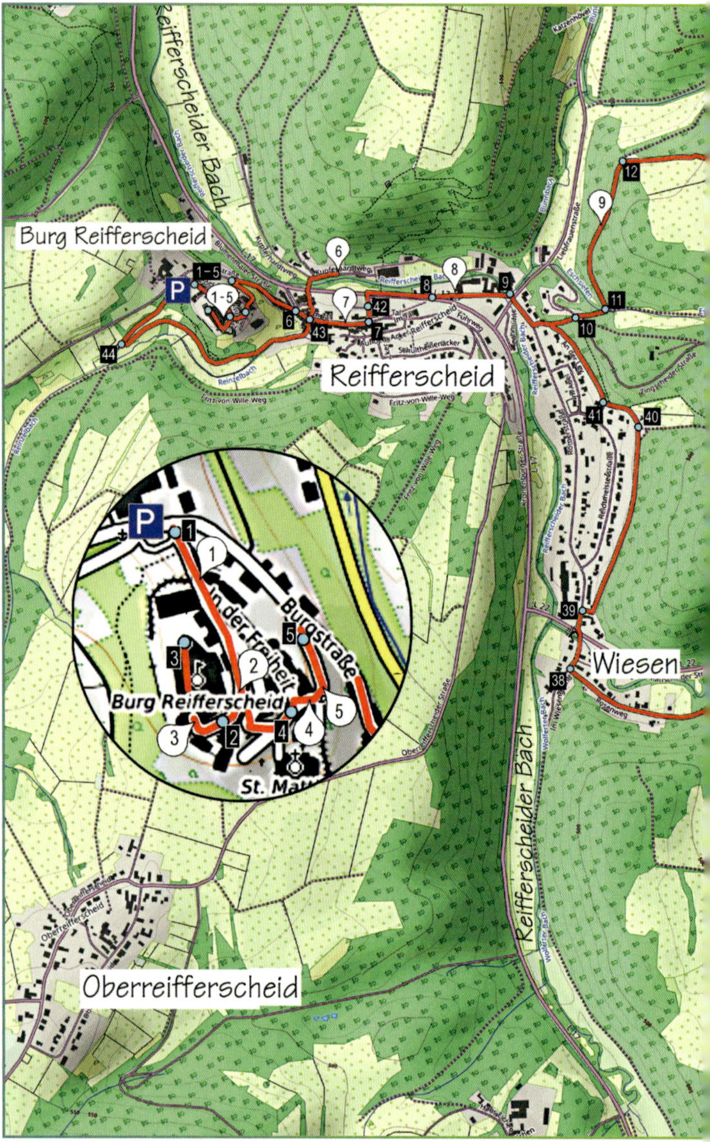
Reifferscheider Bach
Burg Reifferscheid
P
1–5
Reifferscheid
Wiesen
Burg Reifferscheid
Burgstraße
In der Freiheit
St. Ma
Oberreifferscheid
Reifferscheider Bach

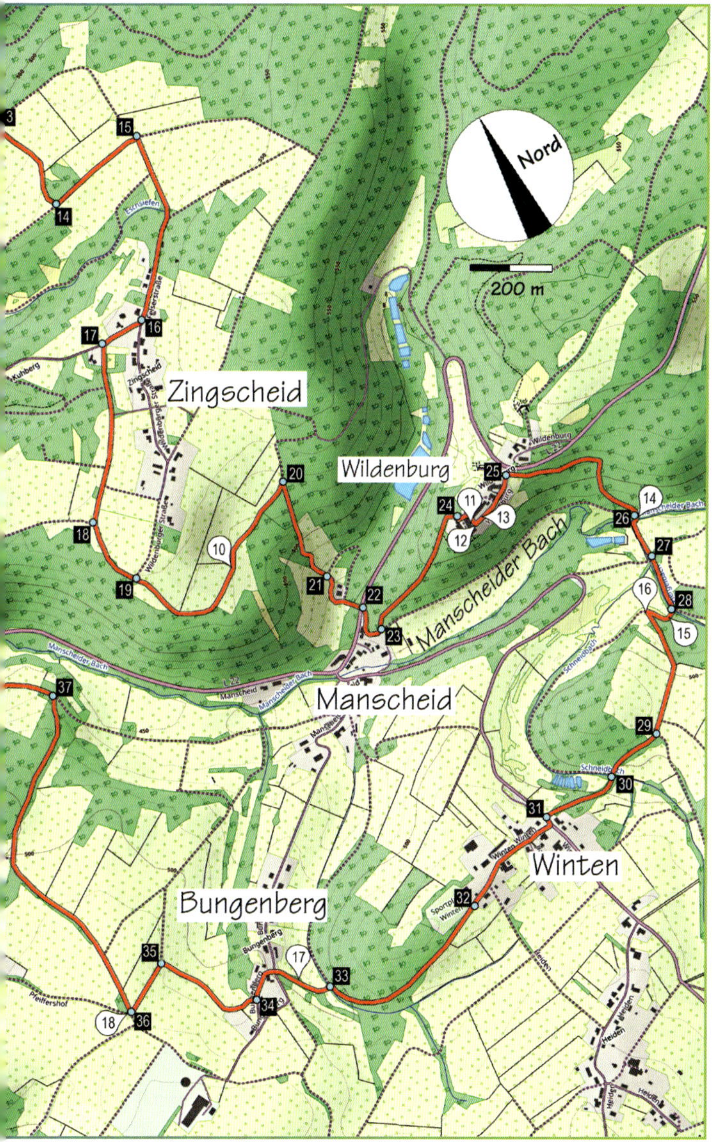
Nord
200 m
Zingscheid
Wildenburg
Manscheider Bach
Manscheid
Winten
Bungenberg
Heiden
Schneidbach
Pfeiffershof
Kuhberg
Wildenburger Straße
L 22
3
14
15
16
17
18
19
20
21
22
23
24
25
26
27
28
29
30
31
32
33
34
35
36
37
10
11
12
13
14
15
16
17
18

Wegweiser

1	Vom Parkplatz durch das Matthiastor gehen und sich rechts in Richtung Vorburg halten.
2	Um die Burgmauer herum zur Burg gehen und den Burgturm besteigen.
3	Zurück zur Vorburg gehen und durch einen Hausdurchgang zum Marktplatz vor der Kirche absteigen.
4	Vom Marktplatz aus die Altstadt durch ein Osttor verlassen.
5	Auf der Burgstraße scharf rechts in Richtung Unterstadt hinuntergehen.
6	Am Ende der Burgstraße geradeaus gehen; nach 30 Metern besteht die Möglichkeit, einen Abstecher nach links über die L 17 und den Reifferscheider Bach zum Steinbruch „Kupferhardt" zu machen; nach der Rückkehr von dort weiter geradeaus gehen.
7	In Höhe eines großen Parkplatzes nach links abbiegen, die L 17 (Blumenthaler Straße) queren und nach rechts weitergehen.
8	Der Liebfrauenstraße halb links bis zur Brücke über den Reifferscheider Bach folgen und diesen und die Landstraße L 203 queren.
9	80 Meter auf der Römerstraße geradeaus gehen und vor einer kleinen Kapelle nach links in die Straße An der Ley abbiegen; nach wenigen Metern vor einer Ruhebank auf einem Fußweg steil bergauf gehen.
10	Die Straße und einen Parkplatz queren und einem breiten Forstweg in das Tal des Eschsiefens folgen.
11	Gleich hinter dem Bach links abbiegen und auf dem Forstweg bergauf bis zu einem Querweg gehen.
12	Dem Querweg nach rechts weiter aufwärts folgen.
13	Vom Waldrand aus nach rechts aufwärts gehen.
14	Links abbiegen.
15	Rechts abbiegen und bis zu einer Bushaltestelle im Ort Zingscheid gehen.
16	Der Wildenburger Straße circa 100 Meter nach rechts folgen.
17	Nach links in einen Wirtschaftsweg abbiegen und auf diesem bis zu einer Linkskurve gehen.

Wegweiser

18	In der Linkskurve geradeaus zum Waldrand gehen.
19	Weiter geradeaus bis zu einem Schotterweg gehen.
20	Dem Schotterweg scharf rechts bergab folgen.
21	Weiter geradeaus bergab gehen und am Haus vorbei zur Brücke des Leiderbachs gehen.
22	Die Straße queren und einem Wirtschaftsweg geradeaus folgen.
23	Hinter einem Felsvorsprung scharf links einem Fußweg aufwärts bis zur Wildenburg folgen.
24	Sich links halten; dann über ein Treppchen und einen Fußweg auf den Vorhof der Wildenburg gehen; dort nach links weitergehen.
25	Unmittelbar vor der Straße einem schmalen Fußweg nach rechts abwärts ins Manscheider Bachtal folgen.
26	Den Manscheider Bach über eine Brücke queren und auf einem Wiesenweg geradeaus bis zu einer Teerstraße gehen.
27	Die Teerstraße queren und auf einem Wirtschaftsweg geradeaus aufwärts gehen.
28	Dem Wirtschaftsweg im Bogen folgen und danach scharf links aufwärts abbiegen.
29	Dem Wirtschaftsweg immer geradeaus bis ins Tal des Schneidbachs folgen.
30	Geradeaus zu den Häusern der Ortschaft Winten gehen.
31	Die Landstraße schräg nach links queren und zwischen den Häusern von Winten in Richtung Sportplatz gehen; vor dem Sportplatz sich links halten.
32	Einem Wirtschaftsweg bis in das nächste Bachtal folgen.
33	Den Bach nach links queren und aufwärts zu den Häusern von Bungenberg gehen; dort die Dorfstraße queren.

Wegweiser

34	Hinter dem letzten Haus rechts einem Wiesenweg nach rechts folgen.
35	Nach links abbiegen.
36	Auf der Höhe einem Wirtschaftsweg scharf rechts abwärts folgen.
37	Auf dem Teerweg nach links in den Ort Wiesen gehen.
38	Auf der Straße Im Wiesengrund nach rechts abbiegen und den Manscheider Bach und dann die Manscheider Straße queren.
39	Zwischen den Häusern rechts abbiegen und dann links einem Fußpfad oberhalb der Häuser bis zum nächsten Bachtal folgen.
40	Nach links abwärts gehen.
41	Nach rechts der Straße An der Ley folgen; danach wie auf dem Hinweg von der Römerstraße zurück zur Liebfrauenstraße und zum Parkplatz an der Blumenthaler Straße gehen.
42	Vom Parkplatz in der Unterstadt nach rechts der Straße Im Tal bis zur nächsten Straßenkreuzung folgen.
43	Nach links zwischen zwei Häusern dem Fußweg In den Weihern talaufwärts folgen.
44	Auf einer Teerstraße nach rechts zum Parkplatz vor der Burg Reifferscheid zurückkehren.

1. Stopp: Das Matthiastor

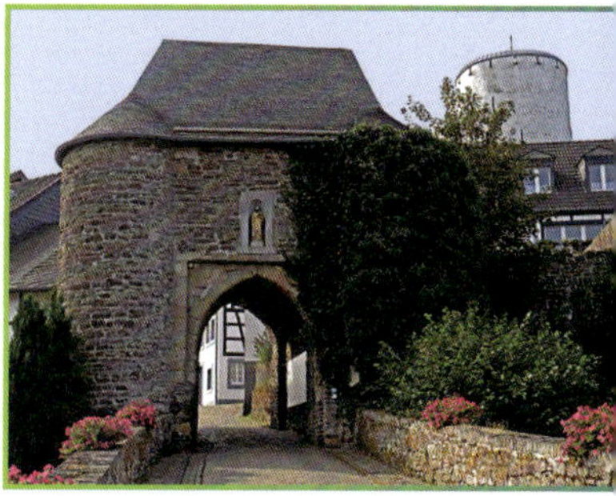

Die Burg Reifferscheid ist eine Höhenburg mit nach Osten, Süden und Westen steil abfallenden Hängen und einem nur schmalen Zugang von der Bergseite im Norden her. Das Matthiastor sicherte diesen Zugang zur Burganlage. Bis in das 18. Jahrhundert war dem aus Bruchsteinen errichteten zweigeschossigen Torbau mit quadratischem Grundriss noch ein Graben mit einer Zugbrücke vorgelagert. Heute kann man hier Informationen für einen Burgrundgang lesen.

2. Stopp: In der Vorburg

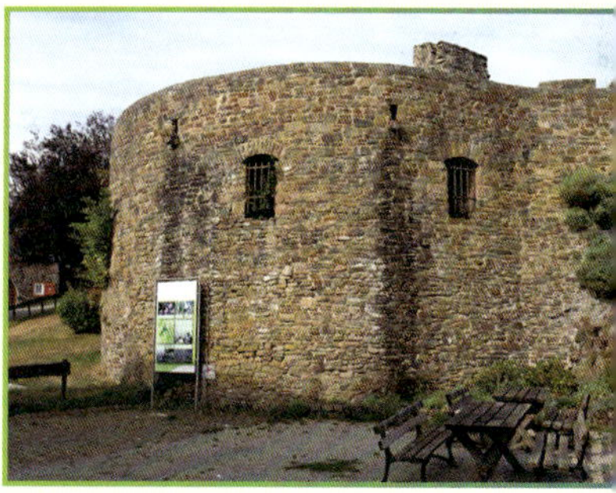

Die Kernburg ist nach Osten und Süden von einer Vorburg umgeben. Sie ist gegen die Burganlage durch massive Bruchsteinmauern abgesetzt. Auch als Außenbegrenzung der Vorburg sind noch Mauern und Tore aus dem 14. Jahrhundert erhalten. Sie sind aber seit dem 17. Jahrhundert zunehmend mit Stein- und Fachwerkhäusern überbaut.

3. Stopp: Der Burghof

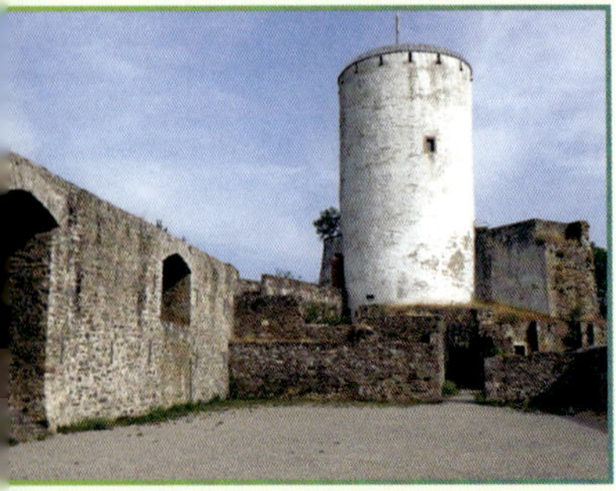

Von der mittelalterlichen Burg des 14. Jahrhunderts sind lediglich die Reste ihrer Umfassungsmauern und der markante runde Bergfried erhalten. Bis 1669 stand hier ein Renaissanceschloss. Es brannte ab. Danach wurde es ohne den Festungscharakter der früheren Burganlage wieder aufgebaut, aber schon 20 Jahre später von französischen Truppen wieder zerstört. Auch von einem daraufhin ganz neu errichteten Barockschloss ist nach seinem Verkauf und Abbruch 1806 nur der Burgkeller übrig geblieben.

4. Stopp: Der Burgbering

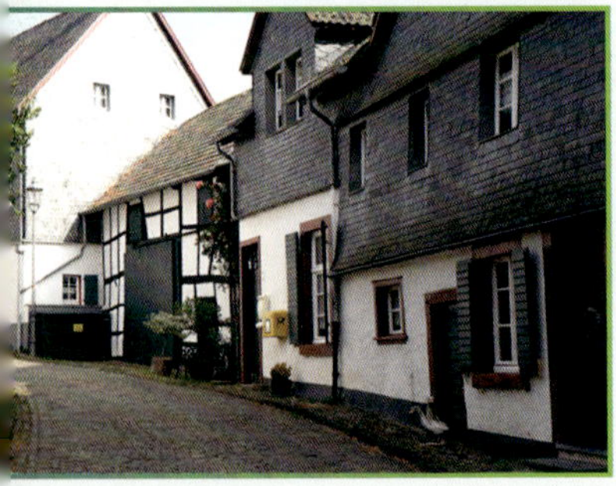

„Freiheit" hießen im Mittelalter die etwas größeren Siedlungen kleiner Herrschaften, die noch keine Stadtrechte besaßen. Die Burgherren begünstigten hier die Ansiedlung von Bürgern mit Rechten und Privilegien und erwarteten, dass diese auch bereit waren, ihre Herrschaft zu verteidigen. Die Mehrzahl der Häuser der Straße „In der Freiheit" stammt aus dem 17. und 18. Jahrhunderts. Sie befinden sich heute überwiegend in Privatbesitz und dienen in vielen Fällen als Wochenenddomizil.

5. Stopp: Ausblick vom Osttor

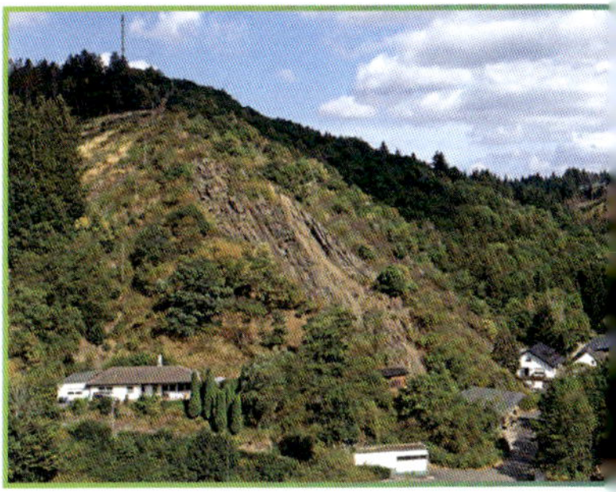

Vom Osttor aus hat man einen Panoramablick auf die gegenüberliegende Seite des Reifferscheider Bachs. In dem steilen Hang des Hohlebergs sind die Klippen des ehemaligen Steinbruchs „Kupferhardt" zu erkennen. Aus ihm stammt der größte Teil der in der Reifferscheider Burganlage verbauten Bruchsteine. In dem stark bewaldeten Steilhang jenseits des Steinbruchs treten außer Sandsteinen und Tonschiefern auch rötlich gefärbte Kalksteine zutage, die Eisenerz führen. Steinbruch und Hohleberg sind heute Stationen eines Geologisch-Montanhistorischen Lehr- und Wanderpfads.

6. Stopp: Der Steinbruch „Kupferhardt"

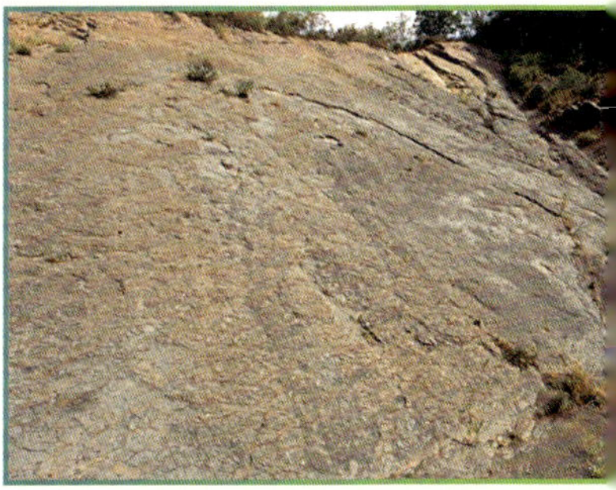

Ein Abstecher über die L 17 und den Reifferscheider Bach führt zum „Kupferhardt"-Steinbruch, dessen nordwestliche Wand weithin sichtbar aus einer einzigen mit 70 Grad nach Süden geneigten Schichtfläche besteht. Diese Wand zeigt Tonsteine mit leuchtend rot-violettem und grau-grünem Farbwechsel. Die Geologen bezeichnen sie und die zwischen sie eingeschalteten harten Sandsteinbänke als Klerf-Schichten. Altersmäßig entstanden sie in der späten Unterdevon-Zeit.

Thema: Die geologische Schichtenfolge der Rureifel

7. Stopp: Rückblick zur Burg

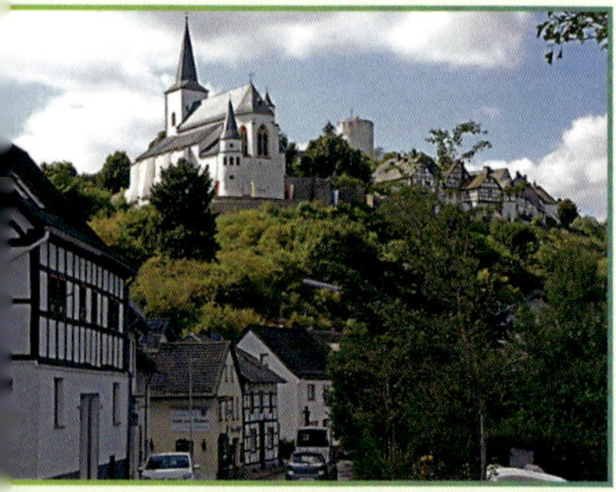

Die Matthiaskapelle, der Bergfried und die Fachwerkhäuser ihres Berings verleihen der Reifferscheider Burg vom Talgrund aus einen unverwechselbaren Anblick. Urkundlich erwähnt wurde Reifferscheid erstmals 1106. Die ältesten Teile der Burg stammen aus dem 12. und 13. Jahrhundert. Aus dem 14. Jahrhundert ist der runde, heute weiß gestrichene Bergfried erhalten. Die Hallenkirche der Matthiaskapelle aus dem 15. Jahrhundert wurde im 19. Jahrhundert noch einmal stark erweitert.

8. Stopp: Der Liebfrauenhof

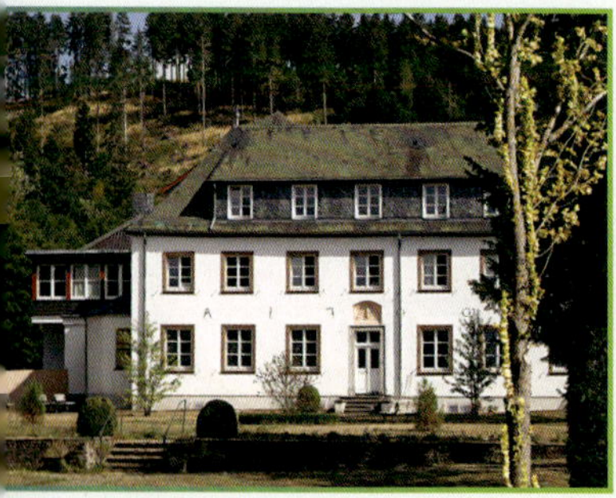

Der Liebfrauenhof (im Volksmund auch „Kloster" genannt) war ursprünglich ein freier Hof in der Herrschaft Reifferscheid. Seine heutigen Gebäude entstanden um 1700, wie die geschmiedeten Maueranker an der Frontseite ausweisen. 100 Jahre später, in napoleonischer Zeit, musste der Hof verkauft werden und wurde später weiter verpachtet. Zeitweise lebte hier der Eifelmaler Professor Fritz von Wille (1860-1941) mit seiner Familie. 1925 erwarben die Franziskusschwestern der Familienpflege aus Essen den Besitz. Sie gaben ihm den Namen „Liebfrauenhof".

9. Stopp: Der Südwesthang des Hohlebergs

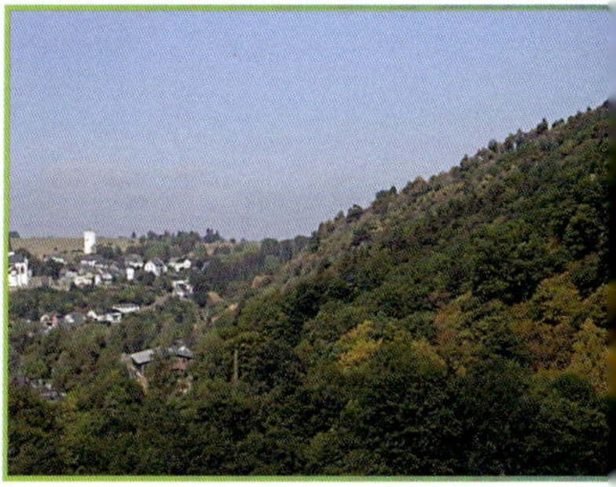

Nördlich des Reifferscheider Bachs steigt der bewaldete Südwesthang des Hohlebergs steil an. Ein Kreuzweg und heute beliebter Wanderweg windet sich in steilem Zickzack bis auf die Höhe. Wie der Steinbruch „Kupferhardt" (vgl. 6. Stopp) wird hier der ganze Hang von Klerf-Schichten und Ems-Quarzit, aber auch von Kalksteinen, Kalksandsteinen und Tonsteinen der nur wenig jüngeren Heisdorf- und Lauch-Schichten gebildet. Letztere enthalten ein Roteisensteinflöz, das früher auch abgebaut wurde.

Thema: Die geologische Schichtenfolge der Rureifel

10. Stopp: Grünlandwirtschaft

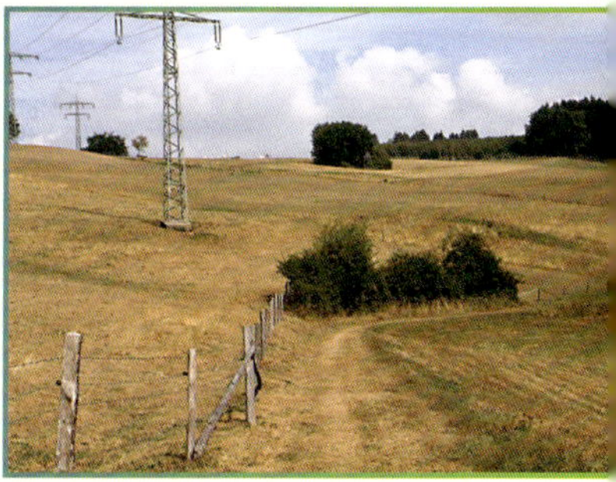

Bis Anfang des vorigen Jahrhunderts hatten hier noch fast alle Haushalte eines Dorfs eine Landwirtschaft. Heute gibt es nur noch zwei oder drei Landwirte in einem Dorf. Wegen der kürzeren Vegetationsperiode in diesen Höhenlagen überwiegt die Grünlandwirtschaft. Die Wiesen und Weiden liefern das Futter für in der Regel große Rinderbestände. Dazu werden die Flächen intensiv gedüngt, sodass die Heuwiesen drei- bis viermal im Jahr gemäht werden können. Längere Dürreperioden lassen so viele Grünschnitte allerdings kaum zu.

11. Stopp: Auf der Wildenburg (1)

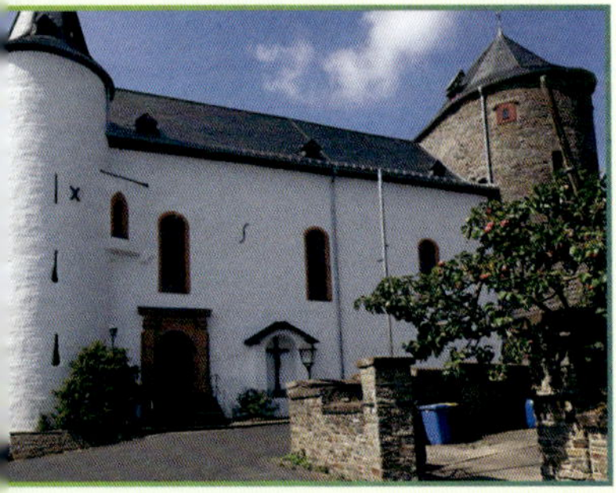

Die Wildenburg wurde zwischen 1202 und 1235 erbaut. Sie ist eine der wenigen Eifeler Höhenburgen, die nicht durch Kriege oder Abriss zerstört wurden. Die heutige Kirche, ein Glockenturm (links) und der Johannisturm (rechts) gehören zur Hauptburg. Ursprünglich war die Kirche das Burghaus, das aus dem Palas und einer Burgkapelle bestand. Der Glockenturm war ein Treppenhaus und der Johannisturm ein Wohnturm.

12. Stopp: Auf der Wildenburg (2)

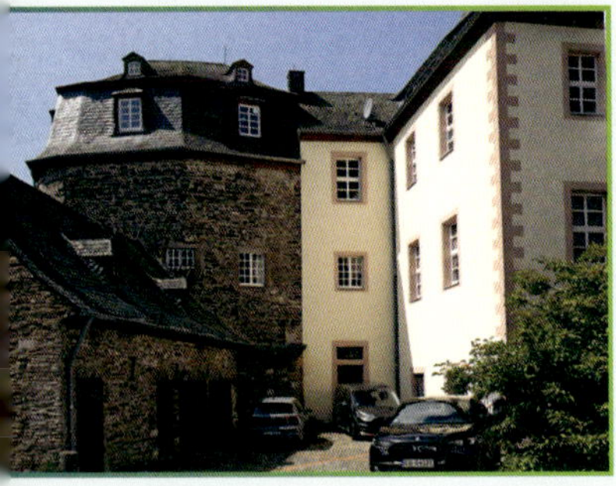

Der Burghof hinter der Kirche wird nach Südwesten von einem Bastionsturm mit besonders dicken Mauern und nach Westen von der sogenannten Kellnerei, einem Wohn- und Verwaltungsgebäude im Barockstil, abgeschlossen. Das unterste Stockwerk des Bastionsturms, ein fünf Meter tiefer Raum ohne Fenster und mit nur einer Einstiegsöffnung, war früher ein Verlies. Weil dieses 1628 während eines Hexenprozesses als Gefängnis diente, wird die Bastion heute noch Hexenturm genannt.

13. Stopp: Auf der Wildenburg (3)

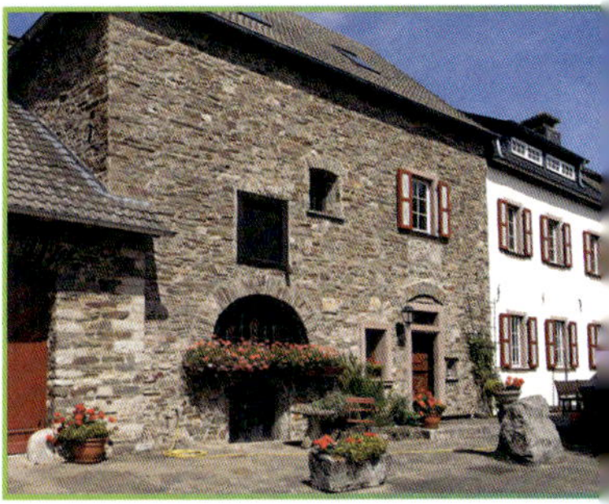

Die Nordseite der Vorburg wird von einem lang gestreckten, repräsentativen Gebäude, dem Haus Palland, eingenommen. Es ist nach Johann F. T. E. Palland benannt, der es um 1800 unter Einbeziehung eines älteren Bruchsteinhauses erbauen ließ. Heute ist der ältere (westliche) Teil in Privatbesitz. Der östliche Teil war wie auch die Hauptburg bis 2005 im Besitz der Bischöflichen Akademie des Bistums Aachen.

14. Stopp: Der Manscheider Bach

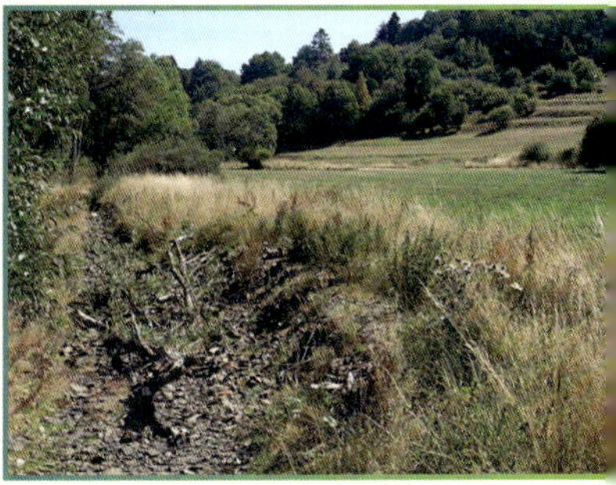

Nach zwei Sommermonaten fast ohne Regen ist der Bach vollständig ausgetrocknet. Zur gleichen Jahreszeit im Vorjahr hatte ein besonders heftiges Starkregenereignis an der gleichen Stelle zu heftigen Überflutungen der ganzen Talaue geführt. Zu solchen Überschwemmungsereignissen kann es in den Tälern der Eifelbäche und -flüsse immer wieder kommen. Der Untergrund ihrer Einzugsgebiete ist durch die Verwitterung seiner Sandsteine und Tonschiefer so stark verdichtet, dass er das plötzlich anfallende Niederschlagswasser nicht schnell genug aufnehmen kann.

15. Stopp: Ackerterrassen

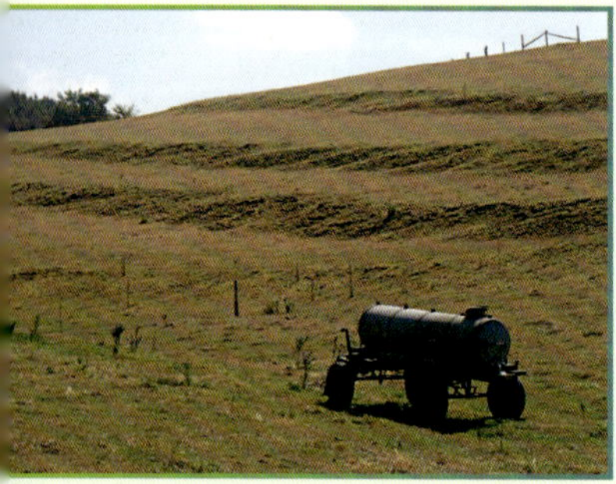

Die hohen Wiesenterrassen sind Zeugen eines ehemaligen Ackerbaus im Hang. Die Stufen entstanden durch hangparalleles Pflügen. Die Parzellen waren lang gestreckt, damit der Pflug nicht oft gewendet werden musste. Störende Ackersteine wurden am Rand abgelegt und auf diese Weise die Stufen versteilt. Vom Mittelalter bis in das 19. Jahrhundert hatte sich diese Art der Bewirtschaftung der Hänge kaum verändert. Danach wurde der Ackerbau von der Viehwirtschaft abgelöst und die zusammengefassten Parzellen als Viehweide oder Mähwiese genutzt.

16. Stopp: Die Wildenburg als Höhenburg

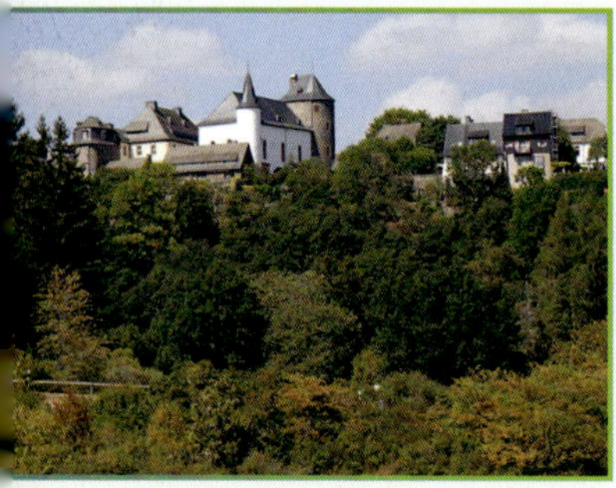

Die Wildenburg liegt 526 Meter über dem Meeresspiegel auf einem weit ins Tal vorspringenden Bergsporn. Nach Süden, Westen und Norden fällt das Gelände steil ab. Nach Osten ist die Burg nur durch einen schmalen Zugang mit der Eifelhochfläche verbunden. Erbaut wurde die Burg im 13. Jahrhundert von den Herren von Reifferscheid. Im 14. Jahrhundert ging sie an die Grafen von Jülich über. 200 Jahre später kauften sie die Äbte des Klosters Steinfeld. In napoleonischer Zeit wurden die Mönche vertrieben.

17. Stopp: Eifeler Bauernhaus

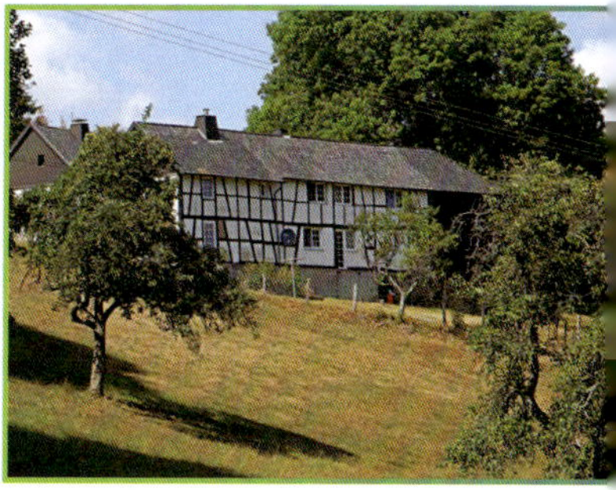

In den historischen Eifeler Bauernhäusern befinden sich Wohn- und Wirtschaftsteil unter einem Dach. Die Grundrisse des Wohnbereichs sind immer sehr ähnlich: vorne eine Küche mit einem aus Bruchsteinen gebauten Kamin. Daneben und dahinter ein oder mehrere kleine Zimmer zum Wohnen und Schlafen. Kuhstall und Scheune schließen unmittelbar an den Wohntrakt an. Gebaut wurde hauptsächlich mit einheimischen Materialien: Holz, Stroh, Lehm und Bruchsteinen.

18. Stopp: Rureifel und Hocheifel

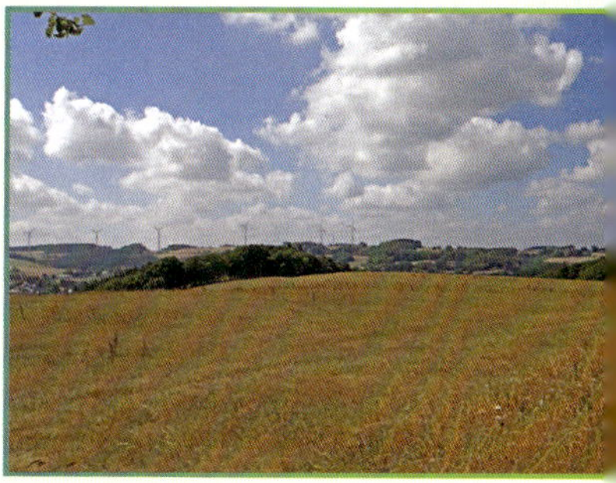

Von der Rureifel her gesehen kennzeichnet eine deutliche Geländestufe den Übergang zur westlichen Hocheifel. Auf deren Plateau lassen einzelne Blöcke aus verfestigtem Tertiärsand (z. B. der Weiße Stein) darauf schließen, dass diese heute mit über 600 Metern über dem Meeresspiegel höchste Einebnungsfläche der Nordeifel in der mittleren Tertiär-Zeit viel tiefer lag als heute und kurzfristig sogar vom Meer überflutet war. Als sich die Nordeifel gegen Ende der Tertiär-Zeit langsam zu heben begann, wurde diese Tertiärbedeckung bis auf kleine Reste wieder abgetragen.

Thema: Die Hochflächen und Täler in der Rureifel

5

ERGÄNZENDE THEMEN – NACH DER ZEIT GEORDNET

THEMA: DIE GEOLOGISCHE SCHICHTENFOLGE DER RUREIFEL

Die Schichtenfolge der Unterdevon-Gesteine der Rureifel beginnt an ihrem Nordrand zum Hohen Venn mit Konglomeraten der frühen Unterdevon-Zeit. („Gedinne-Konglomerat"). In südöstlicher Richtung treten immer jüngere Sandsteine und Schiefer zutage. Als jüngste Bildungen dieser über 8.000 m mächtigen Schichtenfolge bilden die ebenfalls noch unterdevonischen Schleiden- und Klerf-Schichten den Übergang in die Kalkeifel und Westliche Hocheifel.

Gedinne-Schichten
Die Basiskonglomerate der Gedinne-Schichten überlagern als seitlich auskeilende Linsen die sehr viel älteren Schiefer und Sandsteine der Salm-Schichten des Hohen Venns. Wegen ihrer Härte bilden sie häufig Gesteinsklippen, z. B. an der Katzenhardt bei Vossenack und als Richelsley in der Nähe von Kalterherberg. Über den Konglomeraten folgt entlang dem ganzen Südrand des Hohen Venns eine wechselnd mächtige Folge aus roten Schiefern und Sandsteinen und hellen, zum Teil weißen, Feldspat führenden Sandsteinen (Arkosen).

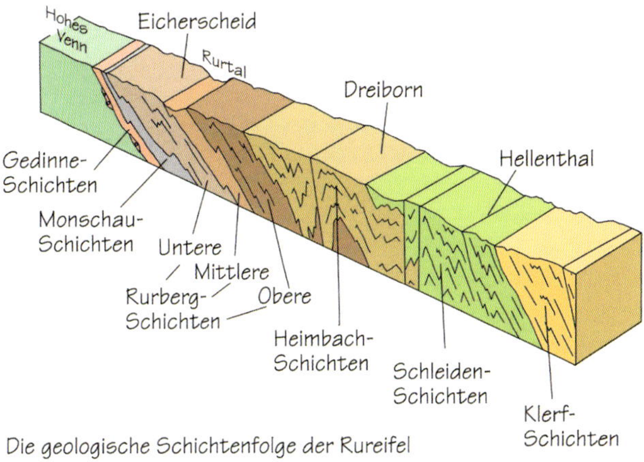

Die geologische Schichtenfolge der Rureifel

Zwischen Lammersdorf und Simmerath wurden die Arkose-Sandsteine bis in das vorige Jahrhundert hinein in verschiedenen Steinbrüchen als Baustein gebrochen.

Monschau-Schichten

Die Monschau-Schichten bestehen aus dunkelgrauen, oft quarzitisch harten Sandsteinen, ebenfalls dunkelgrauen, feinsandigen Schiefern und untergeordnet auch aus reinen Tonschiefern. Als Sedimentstrukturen zeigen die Sandsteine Rinnenfüllungen, Schrägschichtung und Rippelschichtung. Die Mächtigkeit der Monschauer Schichten variiert stark zwischen über 1.300 Meter bei Monschau und wenig mehr als 100 Meter zum Beispiel nordöstlich der Kalltalsperre. In Monschau wurden die harten Sandsteine und auch die Schiefer der Monschau-Schichten im Mittelalter zum Bau der Burg und des Auklosters gebrochen. Bis in das 20. Jahrhundert hinein bestanden hier entlang der Rur und im unteren Perlenbachtal zahlreiche Steinbrüche.

Rurberg-Schichten

Auf die sandsteinreichen Monschau-Schichten folgen im unteren Kalltal und im Rurtal weit verbreitet tonreichere Rurberg-Schichten. Charakteristisch für die Unteren Rurberg-Schichten sind grünlichgraue bis dunkelblaugraue Tonschiefer mit nur geringen feinsandstreifigen Anteilen und nur wenigen Sandsteinbänken. In den Mittleren Rurberg-Schichten nimmt die feinsandige Komponente in den Tonschiefern zu und auch die Zahl quarzitisch härterer Sandsteinbänke vermehrt sich allmählich. Die Oberen Rurberg-Schichten zeigen dann eine deutliche Zunahme des Sandsteinanteils. Graue bis grünlich-graue Farben herrschen vor. Wegen ihrer lithologischen Einförmigkeit und ihrer starken Verfaltung und Schieferung lassen sich für die Rurberg-Schichten kaum exakte Mächtigkeiten ermitteln. In der nordöstlichen Rureifel belaufen sich diese auf 1.500 Meter, im Südwesten der Rureifel auf über 3.000 Meter. Seit dem Mittelalter dienten die Sandsteine und Schiefer der Rurberg-Schichten als Baumaterial für Kirchen, Wohnhäuser und Mauern. An vielen Stellen lassen sich heute noch Abbaustellen und aufgelassene Steinbrüche erkennen, vor allem im Verbreitungsgebiet der sandsteinreicheren Oberen Rurberg-Schichten. Noch nach dem Zweiten Weltkrieg wurden in der Leykaul („Schiefergrube") bei Erkensruhr in besonders tonreichen Rurberg-Schichten Dachschiefer gebrochen.

Heimbach-Schichen

Östlich der Urft folgen auf die Rurberg-Schichten die Heimbach-Schichten mit sandärmeren Tonschiefern, aber ähnlichen Sandsteinanteilen. Die Sandsteine sind weniger tonig als die der Rurberg-Schichten, aber oft glimmerreich und von grauer bis hell-grauer Farbe. Westlich der Urft sind die unteren Heimbach-Schichten dagegen hauptsächlich als Tonschiefer ausgebildet. Insgesamt erreicht die Mächtigkeit der Heimbach-Schichten sicher mehr als 500 Meter.

Schleiden-Schichten

Südlich der Heimbach-Schichten sind die Schleiden-Schichten noch sandsteinreicher. Die Sandsteine treten teilweise in mächtigen Bankfolgen von bis zu 20 Meter Mächtigkeit auf. Im Steinbruch Höddelbusch in Schleiden wurden sie noch in den 30er-Jahren des vorigen Jahrhunderts als Bausteine für die Ordensburg Vogelsang abgebaut. Bezeichnend ist ein gewisser Karbonatgehalt dieser Sandsteine. Örtlich sind eingeschwemmte Pflanzenreste auf den Schichtflächen zu erkennen.

Klerf-Schichten
Die Klerf-Schichten zeichnen sich durch grüne, aber auch rot-violette Tonsteine und tonige, teils quarzitisch harte Sandsteinbänke von ebenfalls grünlicher, rötlicher oder grauer Farbe aus. Mit ihren bunten Farben und einem reichhaltigen Inventar an Sedimentstrukturen dokumentieren sie eine allgemeine Verflachung des Sedimentationsgebietes und starken Festlandseinfluss. Ihre Mächtigkeit überschreitet 1.000 Meter. Den Abschluss der Klerf-Schichten bildet ein sogenannter Emsquarzit, eine bis 30 Meter mächtige Schicht aus sehr harten, hellen Sandsteinen und Quarziten. Sowohl die Klerf-Sandsteine als auch der Emsquarzit waren seit dem Mittelalter häufig verwendete Bausteine. Mit den südlich an die Klerf-Schichten und den Emsquarzit anschließenden Heisdorf-Schichten beginnt die kalksteinreiche Schichtenfolge der anschließenden Kalkeifel.

THEMA: FALTUNG UND SCHIEFERUNG IN DER RUREIFEL

Ein auffälliges Merkmal der Devon-Gesteine der Rureifel ist ihre tektonische Deformation durch Faltung und Schieferung. Diese Verformung ist das Ergebnis eines tektonischen Zusammenschubs in diesem Gebiet im Verlauf der Oberkarbon-Zeit (Variszische Faltung). Im Kartenmaßstab zeichnet die heutige Verbreitung der sandsteinreicheren und nur mäßig stark geschieferten Oberen Rurberg-Schichten und Heimbach-Schichten einen breiten nach Südwest-Nordosten ausgerichteten Faltenbau nach.

Im Detail lassen sich in den steilen Talhängen und in Straßenböschungen oft Spezialsättel und -mulden mittlerer Größe (mehrere Zehnermeter) und Kleinfalten in Dezimeter- und Zentimetermaßstab direkt beobachten. Ihre Achsen fallen gewöhnlich mittelsteil nach Nordosten ein. Die Neigung der Achsenebenen ist in der Regel gegen Nordwesten gerichtet.

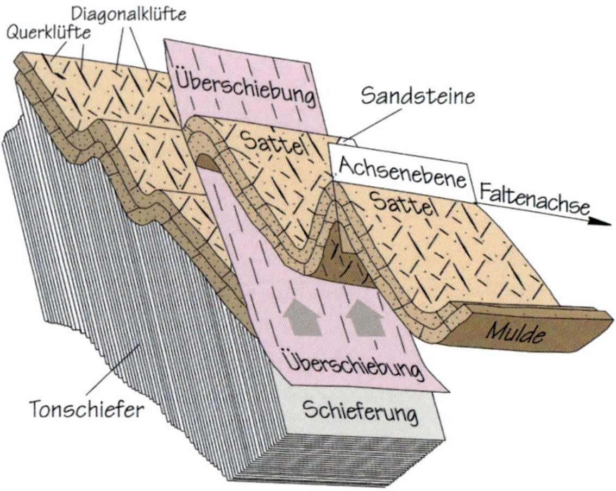

In ihren tonreicheren Abschnitten sind die Devongesteine der Rureifel von einer deutlichen Transversalschieferung parallel zu den Achsenebenen betroffen. Dabei handelt es sich um ein durch den Gebirgsdruck der Faltung entstandenes, engständiges Flächengefüge senkrecht zur Haupteinengungsrichtung. Nur tonreiche Schichten sind von ihr betroffen, denn nur die plättchenförmigen Tonminerale lassen sich durch tektonischen Druck oder durch Umkristallisation senkrecht zur Kompressionsrichtung parallel stellen.

Durch ihre parallele Ausrichtung entsteht die gewöhnlich enge Spaltbarkeit des Gesteins, die als „Schieferung" bezeichnet wird. Aus Tonsteinen werden auf diese Weise Tonschiefer. Auch tonreiche Siltsteine können zu Schiefern werden. Allerdings lassen sie sich nicht so eng und sauber spalten wie die rein tonigen Tonschiefer.

Wo in der Rureifel mächtigere Tonschichten von einer Schieferung betroffen wurden, konnten sie im 18. und 19. Jahrhundert als Dachschiefer abgebaut werden. Das war besonders der Fall in den tonreichen Partien der Monschau-Schichten bei Monschau, in den Unteren Rurberg-Schichten bei Simmerath und im Kalltal, und den Wüstebach-

Schichten im Tal der Erkensruhr. Historische Dachschiefergruben sind heute noch an ihren Halden und ihren Stolleneingängen zu erkennen.

THEMA: DIE HOCHFLÄCHEN UND TÄLER IN DER RUREIFEL

Das heutige Relief der Rureifel ist gekennzeichnet durch flachwellige Hochflächen und dazwischen tief eingeschnittene Flusstäler. Die Flusstäler - das heutige Rurtal und seine Nebentäler des Perlenbachs, der Urft bzw. Olef und der Kall - sind erst im Verlauf der jüngeren Quartär-Zeit (seit circa 800.000 Jahren) entstanden. Vor dieser Zeit bestand hier eine durchgehend fast ebene Landschaft.

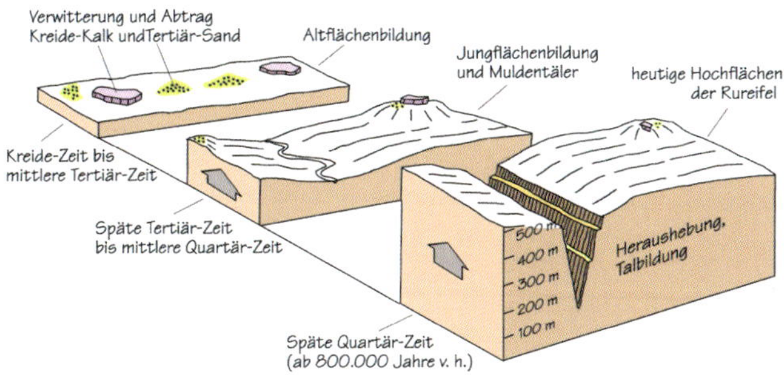

Hochflächenbildung in der Rureifel

Örtliche Funde von Kreidefeuersteinen und verstreut liegenden Einzelblöcken aus verfestigtem Tertiär-Sand auf den heute am höchsten herausgehobenen Hochflächen (sogenannte Altflächen) des Hohen Venns und der südlichen Rureifel lassen darauf schließen, dass diese während der Oberkreide-Zeit und mittleren Tertiär-Zeit viel tiefer lagen als heute und wenigstens kurzfristig vom Meer überflutet waren.

Als sich die Nordeifel gegen Ende der Tertiär-Zeit langsam aufzuwölben begann, verwitterten die zuvor gebildeten Kreide- und Tertiärsedimente und wurden bis auf ganz wenige Reste wieder abgetragen. Eine weitere Anhebung des Gebiets sorgte dann für eine weitergehende flächenhafte Abtragung des Rureifel-Untergrundes rund um die heute erhaltenen Altflächenreste.

Die jüngeren Bereiche dieser Erosionsflächen (sogenannte Jungflächen) stellten teilweise gestufte Plateauflächen dar, auf denen die Vorläuferflüsse der heutigen Rur und der heutigen Kall im Laufe der Zeit sanft geböschte Muldentäler mit breiten Sohlen ausräumten.

Heute umfasst das Relief der Rureifel aber auch die tief in den Untergrund eingeschnittenen Flusstäler der Rur, des Perlenbachs, der Urft, der Olef und der Kall sowie ein dichtes Netz von ebenso tief eingekerbten Nebentälern. Dieses Talnetz ist erst in der jüngsten Quartär-Zeit im Zuge der verstärkten Heraushebung der Nordeifel entstanden.

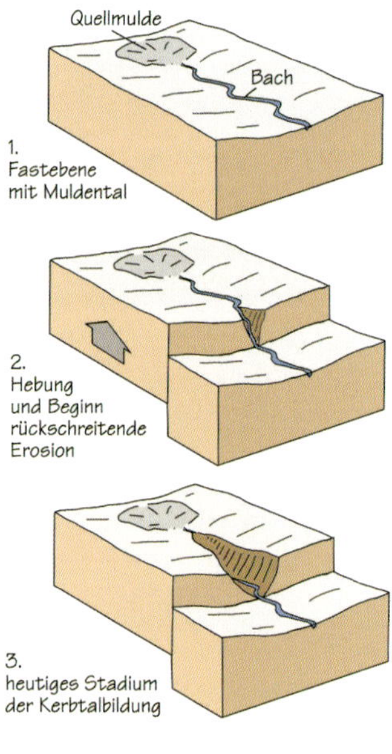

Talbildung in der Rureifel
durch rückschreitende Erosion

Mit Einsetzen dieser Hebung vor circa 800.000 Jahren bildeten sich in den Rureifelflüssen steilere Gefällstrecken, die durch „rückschreitende Erosion" flussaufwärts in Richtung Quellen wanderten. Diese Steilstrecken stellten wildbachähnliche Gerinne dar. Durch die deshalb intensivere Tiefenerosion wurden die bestehenden Muldentäler in Kerbtäler mit zunächst schmalen Talböden umgeformt.

Im Laufe der Zeit reichte diese Vertiefung der Haupttäler der Rureifelflüsse bis weit an deren Quellgebiete hinein. Auch in den Nebentälern führte die rückschreitende Erosion zu einem verstärkten Einschneiden der Bäche und zu einer Versteilung der Talflanken bis an die Quellmulden.

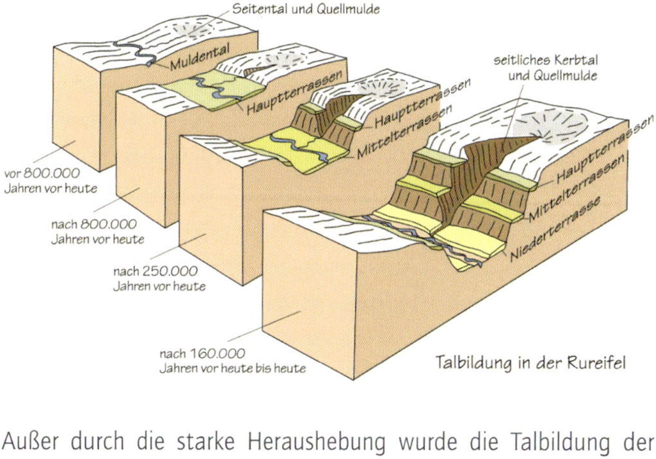

Talbildung in der Rureifel

Außer durch die starke Heraushebung wurde die Talbildung der jüngsten Quartär-Zeit aber auch durch die damals besonders krassen Klimawechsel mitbestimmt. In Kaltzeiten entstanden Frostschuttböden, die durch Bodenfließen oder Hangrutsch in die Fluss- und Bachtäler gelangten, dort aber infolge geringer Niederschläge und Wasserarmut der Flüsse nur zum Teil abtransportiert werden konnten.

Gegen Ende der Kaltzeiten und zu Beginn der Warmzeiten räumten die dann wieder besonders wasserreichen Flüsse diese Frostschuttmassen ab, wodurch eine besonders starke Tiefenerosion vorherrschte. Während der anschließenden Warmzeiten endete diese Tiefenerosion und die kaum noch Schotter führenden Flüsse begannen, hin- und herzupendeln und die Talböden zu Terrassen zu verbreitern.

Zusammen mit der anhaltenden beschleunigten tektonischen Hebung der Rureifel seit etwa 800.000 Jahren führte dieser mehrfache klimabedingte Wechsel von Aufschotterung, verstärkter Tiefenerosion und dann Seitenerosion zu einem treppenförmigen Einschneiden der Flüsse und größeren Bäche in das Grundgebirge. Zuerst entstanden steilwandige Kerb- und Sohltäler. Diese verbreiterten sich in den Warmzeiten, setzen sich aber weiterhin mit deutlichen Steilkanten scharf gegen das höher liegende Muldental ab. Die heute noch erkennbaren Reste dieser Talböden werden als „Hauptterrassen" bezeichnet.

Zwischen 500.000 und 250.000 Jahren vor heute, also nach der Elster-Kaltzeit und frühen Saale-Kaltzeit, verstärkte sich die Erosionstätigkeit der Flüsse und Bäche der Rureifel wieder deutlich und deren Täler vertieften sich noch einmal bis weit in ihren Oberlauf hinein. Die Reste der neuen Talsohlen werden als „Mittelterrassen" bezeichnet.

Am Ende der Saale-Kaltzeit, also vor 160.000 Jahren, kam es dann ein letztes Mal zu einer verstärkten Talvertiefung mit meist aber nur schmalen „Niederterrassen". Diese Talböden liegen nur wenige Meter über dem heutigen Talgrund und sind vielfach noch mit Schottern aus der letzten Kaltzeit (Weichsel-Kaltzeit) und jüngeren Hochflutlehmen und Fließerden bedeckt.

In den großen Rureifelflüssen reichte die rückschreitende Erosion der Niederterrassenzeit und danach nicht mehr bis in ihre Quellgebiete, sodass sie in ihrem Oberlauf noch streckenweise in ihrem Mittel- und Hauptterrassenniveau fließen. In den kürzeren Seitentälern reicht die jüngste Kerbtalbildung dagegen meistens bis an die Quellmulden heran.

THEMA: NATURSCHUTZ IN DER RUREIFEL

Naturschutz bedeutet Schutz für freilebende Pflanzen und Tiere und ihre natürlichen Lebensgrundlagen und damit gleichzeitig auch Landschaftsschutz.

In der Rureifel sind drei Kategorien von Naturschutz realisiert. Erstens gehört sie zum landschaftsübergreifenden Großschutzgebiet des Deutsch-Belgischen Naturparks Hohes Venn-Eifel. Dieser umfasst die Moore im Hohen Venn, Flüsse, Bäche, Seen und Talsperren des Vennvorlandes und der Rureifel, die Kalkeifel sowie die Hocheifel und auch noch Ausläufer der Vulkaneifel.

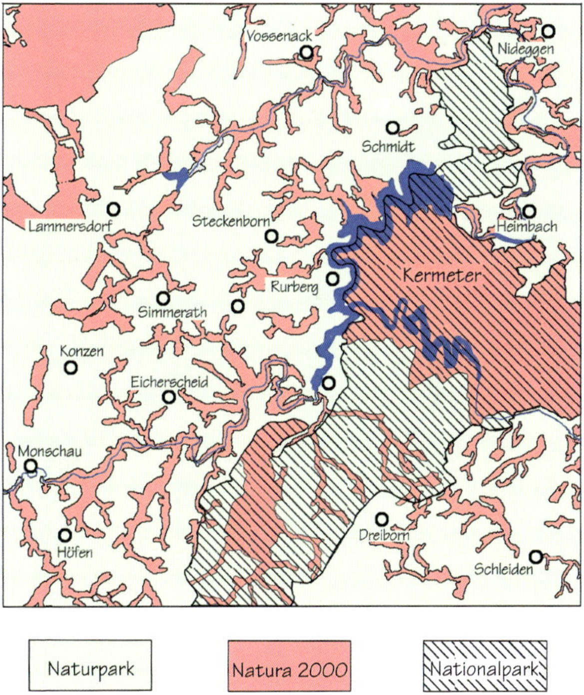

Naturschutz in der Rureifel

Gleichzeitig mit dem Schutz seiner natürlichen und naturnahen Lebensräume räumt dieser Naturpark aber auch den Erholungsmöglichkeiten der Menschen einen hohen Stellenwert ein. So definiert er sich zum Beispiel selbst als Naturerlebnisregion, die ihre Gäste zum Wandern und Radfahren einlädt und zum Genießen von Natur, Landschaft und Kultur. Der Schutzstatus eines solchen übergreifenden Naturparks ist also relativ schwach.

Zu einer zweiten Kategorie des Naturschutzes in der Rureifel gehören die Biotop- und Artenschutzgebiete „Natura 2000", eines über die ganze EU verbreiteten dichten Netzes geschützter Flächen, das nicht nur die Erhaltung, sondern auch den genetischen Austausch unter den heimischen Tier- und Pflanzenarten ermöglichen soll.

In der Rureifel gehören die Buchenwälder des Kermeters, die Moorgebiete des grenznahen Hohen Venns und vor allem viele Fließgewässer, Auwiesen und Auwälder der Kall, der Rur und der Urft und ihrer Nebenbäche dazu. Für Letztere sind als besondere geschützte Arten die Wildnarzisse, der Schwarzstorch und der Biber zu nennen.

Die Schutzvorschriften für die Natura 2000-Gebiete wurden 1992 in einer sogenannten FFH-Richtlinie (Fauna-Flora-Habitat) der Europäischen Union formuliert. Etwa 200 Tierarten, 500 Pflanzenarten und über 200 verschiedene Lebensraumtypen werden in der Richtlinie als schützenswert eingestuft. Dem Schutz der FFH-Gebiete gelten übrigens auch besondere Verhaltensregeln für die Besucher, unter anderem ein Wegegebot und das Anleinen von Hunden.

Die strengsten Vorgaben zum Schutz von Natur und Landschaft in der Rureifel gelten für den knapp 110 Quadratkilometer großen Nationalpark Eifel. Hier soll eine Landschaft geschützt werden, die über lange Zeit weitgehend frei war von menschlichen Einwirkungen und deren Entwicklung auch in Zukunft vornehmlich natürlich ablaufen soll.

Der Nationalpark Eifel wurde 2004 auf dem Gelände des ehemaligen Truppenübungsplatzes Vogelsang und weit darüber hinaus eingerichtet. Seine Kernstücke sind große Offenlandflächen auf der Dreiborner Hochfläche und ein großes, geschlossenes Waldgebiet auf dem Kermeter. Darüber hinaus umfasst er auch zahlreiche tief eingeschnittene bewaldete Fluss- und Bachtäler.

Größere Flächen des Kermeters und auch viele andere Bereiche sind heute noch mit Fichten besetzt. Sie sollen, bevor diese Gebiete ganz der Natur überlassen werden – das heißt, in den nächsten 30 Jahren – in Laubwälder überführt werden. Auf die Dauer sollen dann wenigstens 75 Prozent des Gebiets als unbeeinflusste Natur gelten können.

BILDNACHWEIS

Bilder Umschlag und Innenteil: © Roland Walter

Karten: © Roland Walter

Cover- und Umschlaggestaltung: Dafni Perrou

Satz: Dafni Perrou

Lektorat: Dr. Irmgard Jaeger